남성성의 역사

고대 그리스 영웅부터 현대 남성까지,
역사는 어떻게 젠더 이미지를 형성하고 가르쳐왔을까

남성성의
역사

루성엔 지음 | 강초아 옮김

역사산책

늘 가까이에 두고 볼 만한
남성성의 역사

마야인馬雅人, 마야 역사 연구자

무더운 여름날 오후, 나는 현대사회에서 남성성을 상징하는 땀방울을 현대사회에서 비남성성을 상징하는 불룩한 허릿살 위로 뚝뚝 떨어뜨리고 있었다. 휴대전화에 루성옌의 메시지가 떴다. 새 책이 나왔는데 생물학적 남성인 내가 이 책의 추천사를 써주었으면 좋겠단다. 여성이 남성에게 요구하면 남성은 마땅히 칼을 뽑아 들고 달려가는 것이 중세 기사도 정신이렷다. 나는 당장 승낙했다.

루성옌이 이번에 쓴 책의 원제 '위험한 남성성有毒的男子氣概'에는 생물학적 여성인 저자의 입장이 잘 들어가 있었다. 그리고 현대 대만사회에서 여성 권리를 외치는 목소리가 점점 고개를 드는 분위기와도 어울렸다. 제목만 보고는 역사적으로 남성성이 여성을 어떻게 억압했느냐를 비판하는 책이겠거니 생각했다. 나아가 여성이 남성성의 폭정 아래서 어떻게 각성하고 어떻게 스스로를 해방시켰는지 말하는 책일 수 있겠다고 짐작했다. 책을 펼치기 전, 나는 커피를 내려서 폭격 당할 준비를 갖췄다.

그런데 서문을 다 읽고서 눈물이 찔끔 나왔다. 루성옌은 생물학적 남성이 남성성이라는 꼬챙이에 꿰인 채(이는 곧 피삽입이 아닐까) 얼마나 고통스럽게 살아왔는지를 맛깔나게 써 내려갔다. 그는 역시 특별한 여성이다. 책 한 권을 써도 절대 평범하지 않다. 그는 나에게 종종 이렇게 말했다. 대대손손 물려줄 만한 책을 쓰고 싶다고. 절대로 중고서점에서 자기 책을 만나고 싶지 않다고. 하지만 가능하다면 늘 가까이 두고 화장실에 갈 때에도 가져가는 그런 책이 되기를 바란다고.

고대 그리스의 동성애자, 중세에 결혼도 자위도 못하고 전쟁에도 못 나가던 성직자, 또는 발기부전으로 고소당해 법정에서 '성실한 여성'에게 성기능 검사를 받아야 했던 남자. 남성성이라는 저주 앞에서 남자도 주변인이나 약자로 전락했으며, 이들은 우월적 지위를 확보하고자 안간힘을 기울이곤 했다. 이 책에서는 남성의 가장 연약한 면도 볼 수 있다. 전쟁의 잔혹함 앞에서 남자들은 탈영을 했고 포탄 쇼크를 앓았다. 루성옌은 광범위한 자료를 바탕으로 여러 관점의 심층적인 의미를 단도직입적으로 풀어냈다.

나는 전통 사회가 남성에게 너무 큰 기대를 걸었다고 생각한다. 특히 남성성, 남자답다는 것의 정의는 너무도 복잡하다. '남자는 눈물 흘리면 못써' 같은 소소한 의미에서 '남자는 나라를 위해 목숨을 바쳐야 한다', '남자라면 마땅히 가족을 부양해야 한다' 같은 중압감이 부여된 의미까지 여러 가지다. 남성 영웅은 남성성이 부여한 권력을 한없이 누렸다고 말하기 전에, 남성 역시 남성성 때문에 힘들게 살아왔음을 생각해볼 필요가 있다. 남성성은 양날의 검과 같다. 이 책을 읽는 내내 머릿속에 떠오르는 감상이었다. 루성옌은 이 책에서 자애로운 어머니처럼 한 글자 한 글자 우리 생물학적 남성을 일깨운다. 사람들 앞에서 남성 영웅이 가져야 할 남성성을 보여주려 할 때마다 우리 스스로 남성성 때문에 겪은 고난을 기억하라고 말이다.

하지만 그런 와일더처럼 남성성이란 실제로 남성을 억압해온 구호였음을 알아차린 사람도 있었다. 무엇이 여성적 특질인지, 또 무엇이 남성다운 것인지에 대한 고정관념을 벗어던진다면 남성 역시 오랫동안 짊어졌던 부담과 스트레스가 줄어들 것이다.

책 속의 이 구절에서 나는 한참을 멈춰 있었다. 역사가 현재 생활에 어떤 길잡이가 된다는 말은 역사학을 전공하는 학생이 입버릇처럼 하는 말이지만, 그 구체적 방법을 제시해주는 경우는 드물다. 남성성의 역사를 더듬어가는 과정은 앞서 말했던 압박감의 근원을 찾는 것이다. 진정한 양성 평등은 남성의 특징과 여성의 특징을 다 내려놓고 남자와 여자가 참된 자유를 얻은 후에야 가능할 것이다. 다시 말해, 우리가 진정한 자유를 얻어야 양성 평등 사회가 실현될 것이다.

중앙아메리카에서 현지인이 나에게 처음 가르쳐준 스페인어 욕설은 "계집애 같은 자식"이었다. 남성 세계에서 '외부화'란 곧 여성으로 취급하는 것이며 '피삽입' 대상으로 만들어 능욕하는 일이다. 이 책『남성성의 역사』를 읽으며 나는 고대 그리스의 삽입-피삽입 관계를 비로소 이해하게 되었다. 생물학적 성별과는 별도로, 남성성이 동성 사이에서 어떻게 작용해 지배와 피지배 관계를 만드는지도 알 수 있었다. 또 신사답고 예의 바른 남성성을 두고 당시 사람들은 그런 행동이 여성적 특징이라고 생각해 두려워했다는 것도 알았다. 이는 곧 사회적 역할이 소멸된 것으로 볼 수 있지 않을까. 이처럼 생물학적 남성이 직면한 압박감을 연민하는 태도야말로 이 책의 특별함이라고 생각한다.

좀 더 생각해보자. 내가 처음 활동했던 인터넷 커뮤니티 게시판은 이제 여성 혐오와 반동성애 세상이 되었다. 여성을 멸시하고 차별하는 표현으로 도배되고 있다. 고등학교 교사인 나는 이런 현상을 보며 양성 평등 교육은 실패했다는 생각을 하지 않을 수 없다. 이런 플랫폼 이용자는 대부분 청년 세대일 것이다. 어쩌면 이미 가정을 이루고 직장생활을 한 지 꽤 되었는데 익명이라는 방패 뒤에 숨어서 활동하는 어른도 있을지 모른다. 그런 어른은 평소에는 하지 않을, 혹은 감히 하지 못할 말을 커뮤니티 게시판에서는 거리낌 없이 하곤 한다.

커뮤니티 게시판에서 제법 오래 활동한 나는 그곳의 여성 혐오 혹은 동성애 혐오는 어떻게 형성되었을까 궁금했다. 오늘날 라틴아메리카의 가부장 체제는 대만보다 훨씬 강력하다. 미국 인류학자 오스카 루이스Oscar Lewis가 쓴 『다섯 가족Five Families』 (1959)에 아즈텍 마을의 한 가족 이야기가 나온다. 아버지는 시절이 어려워지면서 가장의 권위가 떨어지자 가부장 체제의 힘을 이용해서 가족 내 여성 구성원을 더욱 억압했다. 어려운 시절은 가장의 '남성성'에 위해를 가했고 그 결과 여성 억압이 강화되고 말았다. 세계 어느 곳이든 남성은 이 일체화된 세상에서 항상 같은 문제에 직면한다. 루성옌은 이번에 서구 역사를 중점적으로 들여다보았지만, 이 주제에 있어 서구와 아시아 사이에 큰 차이가 있을까?

이 책에서 언급하는 '위험한 남성성'이 내가 가진 의문을 해결해주는 열쇠가 될지 모르겠다. 루성옌은 남성 역시 가부장 체제에서 같이 억압받는 존재인데도 여성을 미워하고 공격하는 것은 사실 남성이 남성성을 잃어버린 후 어떻게 해야 할지 몰라서 겪는 불안에 기반한다고 분석한다. 대만은 아시아에서 여성의 권리로 따지면 선두 그룹에 속하는 나라다. 동성결혼의 합법화, 간통죄 폐지, 그 밖에도 여성 권리를 보호하기 위한 입법적 장치가 이루어졌지만 아직 갈 길이 멀다. 그러나 현재 성적이 나쁘지 않다는 것도 틀린 말은 아니다. 이런 상황에서 남성의 '위험한 남성성'이 이곳저곳에서 나타나고 있다. 일부 청소년은 남성성을 확립해가는 시기에 여자 친구를 때릴 만큼 겁 없는 남자라는 이미지를 가지려고 한다. 어떤 청소년은 여권운동을 비난하고 조롱하는 것으로 남성성을 표현하려고 한다. 이런 반응은 억압받는 남성이 남성성을 추구하고자 하는 불안감에서 나온다. 쓰다 보니 '위험한 남성성'이 꼭 『반지의 제왕』에 나오는, 반지를 가진 사람을 미치게 만드는 마법 반지 같다.

생물학적 남성인 나는 생물학적 여성이 쓴 남성성의 역사를 정말로 흥미롭게 읽었다. 양성 평등을 향한 다양한 생각이 떠올랐다. 우리가 '여성의 권리'를 오해하고 있는 것은 아닌가 하는 생각도 들었다. 지금도 늦지 않았다. 나는 남성 역시 억압받아 왔다는 저자의 의견에 깊이 공감한다. 동시에 가부장 체제나 남성성을 이용해 여성을 억압하는 데는 강력히 반대한다. 다시 말해, 나는 이 책에서 말하는 '여성 권리를 지지하는 남성'이다. 마지막으로 마음을 다해 이 책을 추천하며 오래전 케네디 대통령의 유명한 연설을 인용해 다음과 같이 끝맺으려 한다.

"우리는 모두 페미니스트다."

이런 남성성,
위험하다!?

왕훙런王宏仁, 중산대학 사회학과 교수

최근 학교의 여성 동료가 메일을 보냈다. 집안 사정으로 공동 프로젝트에 참가할 수 없게 되었다고 했다. "남편이 보수적인 사람이라 제가 가정에 더 신경 쓰기를 바랍니다. 단순히 강의와 연구만 하면 좋겠다고 합니다." 나는 궁금했다. 왜 그 반대는 안 될까? 남편이 가정에 더 신경 쓰고 집중하면서 강의와 연구만 하는 건 안 될까? 남편은 아내가 직장생활에 집중할 수 있게 해주면 안 된단 말인가?

결혼한 지 오래된 친구에게 최근 위기가 닥쳤다. 부부 모두 자기 분야에서 성공한 사람인데, 어느 날 남편이 다른 여자와 사랑에 빠졌다며 아내에게 집에서 나가라고 요구했다. 그 이야기를 들었을 때는 마음이 떠났다면 헤어지는 게 나을 수 있다고 생각했다. 그런데 나중에 들려온 소식에 따르면, 남편이 이혼은 원하지 않는다고 했다. 이혼하면 자기 체면이 깎인다고 생각하는 탓이었다. 심지어 페이스북에는 아내와 다정하게 찍은 사진을 올리고 가정에 아무 일도 없는 척한다고 했다. 남편의 이런 태도가 아내를 더욱 힘들게 했다.

드라마나 영화에나 나올 것 같은 이야기가 현실에서 드물지 않다. 남자 주인공은 '사회에서 주류인 남성' 이미지(어떤 사람은 이를 '패권적 기질'이라고 한다)를 유지하기 바란다. 이성애자이고 가정적이며 아내와 아이들을 사랑하고 학력부터 경력까지 완벽한 데다 부모님께 효성스럽고 사회적 이슈에도 적극적으로 참여하는 것이 주류 남성성이다. 사회가 그에게 바라는 모습을 유지하기 위해 남자는 젖 먹던 힘까지 짜낸다. 그러나 이렇게 노력해서 남성의 정점에 오르려 하는 것은 주변의 누군가가 부추긴 탓이 아니다. 자기 내면에 있는 패권적 남성성에 스스로 부합해야 한다고 믿고 있기 때문이다. 그래서 자기 행동과 생각이 정해진 남성성의 궤도에서 한 치라도 벗어나 있지는 않은지 시시때때로 검열하고 교정한다. 그러지 않으면 어느 틈에 '불합격된 남성'으로 전락할지 모른다고 불안해한다.

성공한 남자가 되는 것은 정말 고생스러운 일이다. 그러나 '위험한 남성성'의 영향을 받는 여성은 더욱 고통스럽다.

위험한 남성성은 중국 공산당과 같다

　몇 년 전 이혼한 친구도 생각난다. 박사 학위를 받은 친구의 전 남편은 20년 동안 대학 교수 생활을 한 뒤 기술 개발에 성공했다. 그는 학계를 떠나 상장사를 차리고 회장직을 맡았다. 그런데 이런 빛나는 성과를 거둔 그는 남들이 무릎을 꿇고 자기를 숭배하기 바랐다.

　이혼하기 전, 친구는 남편과 함께 차린 회사의 공동 경영자였다. 회사의 크고 작은 일을 책임져야 했을 뿐 아니라 남편의 무리한 요구에 24시간 내내 시달렸다. 예를 들어 회사 경영에 필요한 능력 있는 사람을 뽑으려 하면 남편이 자기 가족을 그 자리에 앉히겠다고 고집을 부리는 식이었다. 어느 해인가 친구가 암 수술을 받았다. 남편은 병문안을 왔다가 면회를 거절당했다. 그는 주변 사람들에게 불평을 늘어놓으며 이렇게 말했다. "그 사람은 생각이 꽉 막혔어. 이혼하는 게 서로 좋을 지도 몰라."

　몇 달 후, 자녀들이 재촉한 끝에 친구 부부는 별거하면서 이혼을 진지하게 생각해보기로 했다. 하지만 관계를 바로 끊는 것은 쉬운 일이 아니었다. 오랫동안 쌓인 경제적 관계나 감정 문제가 걸렸다. 친구는 이렇게 말했다. "솔직히 말해서 나도 좀 두려워. 이혼 후 새로운 환경에 잘 적응할 수 있을지 걱정이야. 아직 열세 살 밖에 안 된 아이도 있고." 주변에서는 경제적인 이유로 이혼을 말렸다. "지금 이혼하면 남는 게 아무것도 없어. 회사는 공동으로 세웠는데 빈손으로 떠나면 남편 좋은 일만 되는 거야.”
친구는 이혼을 할지 말지 몇 번이나 망설였다.

이후 성인인 아들의 설득으로 친구는 이혼 결심을 굳혔다. 이혼 절차를 밟는 중에도 친구는 계속 망설였다. ‘30여 년간 마음을 쏟은 일을 이대로 끝내야 하나’ 하는 생각이 끊임없이 밀려왔다. 이혼협의서에는 별다른 조건이 없었다. 다만 남편이 구두로 매달 6만 대만달러(260만 원 정도)를 위자료(미성년 자녀의 양육비 포함)로 주겠다고 약속했을 뿐이다. 친구가 몇 시간을 망설이자 담당 공무원이 집에 가서 다시 의논한 다음 방문하라고 할 정도였다. 결국 친구는 눈물을 머금고 이혼 서류에 서명했다. 서명을 다 마치고서 남편은 쓸쓸한 표정으로 공무원에게 “아내가 이혼하자고 한 겁니다. 나는 이혼할 생각이 없었습니다”라고 말했다.

한 달 후, 그 남자는 다른 여성과 동거를 시작했다.

그러나 몇 주 전까지도 그는 사람들에게 “나는 이혼당했어!”라고 말했다.

앞에서 말했듯, 남자들은 실질적인 이익(이혼)을 얻고 싶더라도 체면을 포기하지 못한다(내 잘못이 아니라 아내 잘못이다). 친구의 전 남편은 가족이 자기 말을 따르지 않으면 여러 가지 방식으로 폭력(정신적 폭력을 포함)을 휘둘러 통제해왔다. 이혼 후 아들의 결혼식에 참석하겠다고 고집을 부리며 거금의 축의금을 주겠다고 약속해놓고는 결혼식 당일 그에게 발언할 기회를 주지 않았다는 이유로 축의금을 취소했다. 막내딸이 그와 만나 식사하는 것을 거절했더니 당장 용돈을 끊었다. 이런 위험한 남성성의 모습은 꼭 중국 공산당과 비슷하지 않은가? 우리는 '한 가족'이라고 강조하면서도 내 말을 듣지 않으면 미사일을 쏘거나 백신을 제공하지 않거나 발전하지 못하게 사사건건 방해할 것이라는 태도가 말이다.

전략적 남성성

그렇다면 위험하지 않은, 해롭지 않은 남성성이 있을까? 책 속에서는 가부장 체제하에서 가장의 권위가 강한 곳일수록 패권적 남성성이 극심하다고 서술했다. 말하자면 해가 되지 않는 남성성을 찾으려면 패권적 남성성이 어떤 사회적 맥락에서 작용하는지를 보아야 한다.

국립대만대학 사학과의 저우완야오周婉窈 교수는 『대만역사도설臺灣歷史圖說』(1997)에서 일본이 무력으로 대만을 점령했을 때 대만 민중이 완강히 지항했다고 서술했다. "외세에 저항하는 것은 민족정신의 근간이다. 대만이 할양되었다는 소식이 전해지자 대만 민중은 소박하게 고향을 지키겠다는 마음으로 나서서 전통 무기를 들고 근대식 군대에 맞섰다. 이기지 못할 싸움을 하는 우둔함으로 보일지도 모르지만 이것이 바로 민족이 독립과 자주를 추구하는 정신이다." 이런 역사 서술을 두고 나는 오랫동안 생각을 거듭했다. 나는 어머니가 들려준 외할머니의 경험담으로 일제 강점기의 분위기를 가늠할 뿐이다. 외할머니는 타이난에 사셨는데, 그곳에는 도적이 그렇게 많았다고 했다. 행패가 어찌나 심했는지 외할머니가 집 앞에 앉아 있는데도 들이닥쳐서 금 귀걸이를 잡아채 빼앗았다. 그런데 일본인이 들어오자 치안이 오히려 좋아졌다고 했다.

과거에 나는 일본이 대만을 점령한 후 새로운 사회 질서가 형성되었기에 도적을 때려잡았다고 생각했다. 그러나 저우완야오 교수의 책을 읽고 나서 오랫동안 품었던 도적에 대한 인상이 달라졌다. 무력으로 식민주의자에게 저항하는 일은 동기가 아무리 복잡해도 중요한 것은 '민족정신'이 있다는 사실이다. 얼마 전 홍콩 반환일에 경찰을 찌르고 자살한 홍콩인 량젠후이梁健輝의 사례는 또 어떤가? 우리는 이런 사건을 어떻게 봐야 할까? 이기지 못할 싸움을 하다니 어리석다고 해야 할까? 다른 시각에서 바라본다면 이런 패권적 남성성에 마음이 흔들리지 않을까? 민주, 자유, 인권을 수호하기 위해서는 수단을 가리지 않고 독재자를 뒤흔들어야 하는데 어떻게 한단 말인가?

패권적 남성성이란 평화로운 시대에는 성별 관계에서 해로운 존재다. 조직에서 강자가 약자를 괴롭히고, 가정에서는 가장의 지배권을 강화한다. 하지만 식민지 시절, 외세 침략에 맞서 싸울 때는 용기, 강인함, 영예를 추구하는 남성성이 존경을 받는다. 내 생각은 이렇다. 남성성이란 관계의 맥락 안에서 전략적으로 운용해야 한다. 본질적으로 패권적 남성성은 위험하다 혹은 해롭다고 무작정 정해버릴 일이 아니라는 것이다. 이런 관점은 이 책에서 '두 차례 세계대전과 남성' 챕터에서 보여주는 관점과 대조적으로 해석할 수 있다. 그 챕터에서는 비슷한 문제를 두고 서양식 사례를 제시하며 또 다른 사고방식의 가능성을 보여준다.

출판사에서 이 책에 추천사를 써주겠느냐는 질문을 받았을 때 조금 망설였다. 이런 주제를 나보다 더 잘 다룰 수 있는 학자가 있을 것이라고 생각했다. 하지만 저자가 루성옌이라는 말을 듣고는 책을 읽어보고 싶어졌다. 예전에 그의 글을 본 적이 있었는데, 생생하고 멋진 글이었다. 평이한 언어로 복잡한 주제를 서술하는데 그것이 진짜 내공이다. 이 책은 절대로 독자를 실망시키지 않을 것이다. 고대 그리스의 아테네와 스파르타, 중세 성직자, 20세기에 전쟁 공포증을 앓는 남자들이 각각의 이야기 속에 등장한다. 이 이야기는 독자들이 남성성이라는 개념이 어떻게 변화해왔는지 이해하는 동시에 유럽 역사의 변천을 이해하는 데도 도움이 될 것이다. 책을 다 읽은 후 독자들도 나와 비슷하게, '루성옌이 쓴 동양 남성성의 역사를 읽어보고 싶다'고 생각하게 되지 않을까.

차례

추천사 1 늘 가까이에 두고 볼 만한 남성성의 역사 **5**

추천사 2 이런 남성성, 위험하다!? **11**

서문 **20**

프롤로그 남성성이란 무엇인가? **25**

기원전 30세기~기원전 1세기 폴리스 정치와 영웅주의: 고대 그리스 남성 **35**

기원전 9세기~기원전 1세기 동성애: 고대 그리스·로마의 스승-제자 관계 **55**

기원전 2세기~5세기 비르투스: 로마인의 전유물인 미덕 **73**

8세기~11세기 바이킹 전사: 세계 종말 전쟁을 위해 살다 **91**

6세기~13세기 성이 없는 남성성: 중세 성직자의 '진정한 남성' 이론 **109**

8세기~16세기 아버지를 살해하거나 극복하거나: 중세 부자 관계 **123**

12세기~16세기 백마 탄 왕자 양성기: 중세 기사 **139**

12세기~16세기 성기능 장애로 인한 고민: 법정에 선 중세 남자 **157**

14세기~17세기 팔방미인: 르네상스와 이상적인 남성 이미지 **175**

17세기~19세기 신사 클럽: 예의 바른 남성 **195**

18세기~20세기 남성이 곧 기계: 산업혁명 이후 노동계급 **211**

19세기~20세기 제국주의와 남성성 **227**

20세기 두 차례 세계대전과 남성: 남성의 연약함을 재조명하다 **241**

20세기~21세기 여권 신장과 남성의 위기 **257**

에필로그 위험한 남성성 **275**

감사의 말 **282**

2013년 1월, 영국 에든버러대학 기숙사에서 나는 역사학 석사 과정 첫 번째 학기를 힘들게 마친 후 계속될 진흙탕 싸움을 준비하고 있었다. 다음 학기에 들을 강의 소개서를 살피다 내게는 꽤나 낯선, 그렇지만 재미있을 것 같아 보이는 수업을 발견했다. '중세 유럽 남성성의 역사Medieval Masculinity in Europe'라는 강의였다.

그때까지 나는 학부와 석사 과정을 다 합쳐도 성별(젠더)의 역사를 다룬 강의를 들은 적이 없었지만 이후 나는 남성사를 주제로 석사 논문을 쓰고 여성사를 파고들어 박사 논문을 쓰게 된다. 지금 내 연구 분야는 온전히 성별사로 채워져 있다. 십여 년 전 남성성의 역사를 다루는 수업을 듣지 않았다면, 나는 아마도 성별사 연구자의 길을 걷지 않았을 것이다.

남성사는 여성사에 비해 늦게 발전했다. 1980년대 이후 서구 학술계에서는 남성사를 연구하는 학자가 점점 많아지는 추세였

으나 아쉽게도 대만에서는 여전히 극소수 연구자만 이 분야에 관심을 가지고 있었다. 중국 남성사를 연구하는 사람이 전혀 없는 것은 아니었지만 서양 남성사에 비해서는 확실히 관심도가 낮았다. 그런 분위기였기에 나는 이 연구 주제를 처음 접하자마자 깊이 빠져들 수밖에 없었다.

여성사 연구는 주로 '억압'의 관점에서 출발한다. 반면 남성사 연구는 가부장 체제에서 남성 역시 눈에 보이지 않는 억압을 받았음을 다루는 한편 그 주제가 좀 더 다원적이다. 이 책에서는 모순된 부자 관계, 의복이 남성성에 미친 영향, 남성이 원시적 폭력과 후천적 예절 사이에서 느끼는 괴리감 등 여러 시각에서 남성사에 접근하고자 한다. 사실상 남성이 억압받았다는 묘사가 분명하게 등장하는 사료는 극히 드물다. 그래서 역사가들은 남성 이미지가 역사적으로 어떻게 형상화되었는지를 분석하는 데 관심을 기울이는 편이다. 나는 이 책에서 '남성 또한 억압받았다'는 것을 일방적으로 수용하는 데서 더 나아가 남성이 왜 묵묵히 순응했는지, 시대가 요구하는 조건을 달성하고자 남성이 어떤 노력을 기울였는지 살펴보려 한다. 동시에 남성이 어떻게 가부장제 아래서 피해자이자 가해자 역할을 했는지 알아보고 이를 여성사와 대조하고자 한다. 생물학적 성별로 구분해서 생각해보면, 오늘날 여성사가 상당한 발전을 이뤘다고 해도 다른 성의 존재가 없다면 성별사를 완전하게 확립하기란 요원한 일이다.

대만 학술계는 현재 여성사 및 여성 연구에 많은 관심을 쏟고 있다. LGBT(성 소수자. 레즈비언Lesbian, 게이Gay, 양성애자Bisexual, 트랜스젠더Transgender의 첫 글자를 따서 만든 단어) 관련 연구도 부쩍 늘고 있다. 그러나 남성사 연구는 거의 다루어지지 않고 있다. 이역시 이상야릇한 현상이다. 성별사가 여성 입장에서 출발했기 때문에, 또 페미니즘 운동의 강력한 흐름을 타고 이루어졌기 때문에, 솔직히 남자들은 젠더 이야기라면 덮어놓고 반감을 보이는 경향이 있다. 성별사 연구도 그렇다. 게다가 성별사의 한 갈래로 LGBT 연구가 활발한 분위기이므로 남성 연구자가 성별사를 건드리면 당장 이상한 시선을 받게 될 것 같은 두려움이 있다.

"나는 사내대장부야. 내가 왜 그런 글을 읽어야 하지?"
"게이도 아닌데 젠더에 관한 책을 본다고?"
"페미니즘 책을 읽었어? 너 페미니스트야?"

이와 유사한 반응을 흔히 접하게 된다는 것이다. 전통적인 '남자'의 정의에 부합하는 이들은 젠더 주제를 불편하게 여긴다. 학술계에서도 그렇다. 서구든 대만이든 여성사를 연구하는 학자는 대부분 여성이다. 물론 서구권의 상황은 대만보다 나아서 적은 수나마 남성 학자가 여성사 연구에 공헌하고 있다. 그러나 남성사 영역은 연구자의 성비가 비슷하다. 역사학자가 젠더 연구를 하면 좋은 점이 하나 있다. '억압'을 전면에 내세우며 독자의 감정에 호소하지 않아도 된다는 점이다. 역사학자의 입장에서 '억압'

은 단지 역사적 사실이며 논술의 대상일 뿐이다. 중세에는 여성의 지위가 낮았던 것이 사실이므로 어떠한 논쟁이나 비판의 대상이 아니다. 역사학자가 할 일은 사실 그대로를 논하고 독자에게 오늘날 여성의 지위가 가부장제 아래서 어떻게 발전해왔는지를 알리는 것이다.

남성사 역시 마찬가지다. 나는 이 책에서 남성이 얼마나 부당하게 대우받았는지, 가부장제 아래에서 남성 역시 억압받았지만 묵묵히 참을 수밖에 없었다는 것을 강조하려는 게 아니다. 다만 가부장제가 고대 그리스·로마 시대부터 현대에 이르기까지 남성성의 정의에 어떤 영향을 주었는지, 오늘날 사회에서 남성이 누리는 권력과 그들에게 가해진 억압이 역사적으로 어떻게 누적되고 이어져왔는지를 서술하고자 한다. 이 책이 사회적으로 조금이나마 좋은 역할을 할 수 있다면, 젠더 담론을 회피하던 남성이 이 책을 통해 자신의 성향이 어디에서 어떻게 유래했는지 살펴보기를 기대한다. 당연히 여성이 이 책을 읽는 것도 대환영이다.

남성성이란
무엇인가?

'남성성masculinities'을 간단히 정의하면 다음과 같다. '남성성'이란 남성이라면 마땅히 이러해야 한다고 사회가 기대하는 행위다.[1]

남성성은 시대와 문화에 따라 다르게 정의되었다. 수염을 예로 들어보자. 고대 그리스·로마 시대에 수염은 남성성을 상징했다. 하지만 16세기 유럽에서 수염은 야만적이거나 교화되지 않은 이미지를 대표했다. 그 시대에는 교육받은 남성이라면 수염을 기르지 말아야 했으며 특히 구레나룻은 반드시 깎아야 했다. 남성성은 사회적 성性, 즉 젠더gender다. 가지고 태어나는 생물학적 성인 섹스sex와 달리 사회화 과정에서 형성되는 것이다. 생물학적으로 남성이라도 사회적 성인지性認知 영역에서는 여성일 수 있다. 그런 사람은 외부를 향해 '나는 여성입니다'라는 신호를 내보낸다. 젠더는 문화의 영향을 크게 받는다. 사회가 어떤 행위는 남성적이고 어떤 행위는 여성적이라고 성의하는 탓이다.

젠더 개념은 유동적이다. 계속해서 변화한다. 남성과 여성의 아름다움을 판단하는 기준이 시대에 따라 달라져온 것과 비슷하다. 100년 전 통용된 남성과 여성의 기준을 오늘날에 적용할 수는 없다. 다시 말해 남성성은 유동적인 개념이라는 것이다. 어떤 남자가 남성성을 지니고 있는지 아닌지는 그 사람이 속한 사회의 기준에 달려 있다. 영국에서 중세를 살던 남성에게 기대한 것과 빅토리아 시대 남성에게 기대한 것은 어떻게 다를까? 18세기에 식민 지배를 받는 지역의 남성은 자신을 어떻게 인식했으며 어떤 행동을 해야 진정한 남자라고 여겼을까? 이 책의 목적은 고대 그리스·로마 시대부터 현대 유럽에 이르기까지 남성성의 정의가 어떻게 변화했는지 살피고, 정치와 종교가 특정 사회 남성성에 어떤 영향을 미쳤는지 탐구하는 것이다. 나아가 각 시대 남성성을 여러 방면에서 분석하고자 한다.

남성성은 여성성feminity에 상대되는 개념으로 탄생했으며, 남성성을 표현하는 단어는 여러 종류가 있다. 오스트레일리아의 사회학자이며 저명한 남성학 연구자 래윈 코널Raewyn Connell은 남성성을 다원성, 집단성, 패권성, 계급성, 층위성, 능동과 수동 같은 여러 가지 측면으로 나눌 수 있다고 했다. 코널이 제시한 개념 가운데 '패권적 남성성hegemonic masculinity'이 있다. 이는 한 사회가 이상적인 남성에게 가지는 기대감을 의미하는데, 이러한 사회적 기대에 있는 힘껏 부응하려는 남성만이 그 사회에서 '남자'로 인정받는다. 반면 사회적 기대 조건을 충족하지 못하거나 그런 조건을 거부하는 남성은 '남자로서 불합격인 존재'가 된다. 이로써 패권적 남성성을 갖춘 남자는 지배자가 되고 계급 피라미드 꼭대기에 위치한다. '남자 중의 남자'가 되는 것이다.

글래스고대학 알렉산드라 셰퍼드Alexandra Shepard 교수는 남성성의 형태를 네 가지로 구분해 제시했다. 가부장 지배자인 남성, 가부장에게 지배되는 남성, 가부장 체제가 아닌 사회의 남성, 비주류 남성이다.[2] 이 중에서 비주류 남성은 끊임없이 패권적 남성성에 저항했음을 역사 속에서 살펴볼 수 있다. 예를 들면 중세 성직자의 남성성이 이에 해당한다. 성직자는 계율 때문에 정상적인 남성이 군사적으로나 정치적으로 누리는, 그리고 여성을 대상으로 행사하는 지배권을 가질 수 없었다. 그래서 다른 방식으로 남성성의 정의를 발전시켰다. 곧 진정한 남성이라면 주님을 위해 정결을 지키면서 본래 타고난 성욕에 저항할 수 있어야 한다는 것이다.

남성이 지배하는 가부장 체제에서 형성된 젠더 고정관념은 오늘날까지 군건하게 이어져왔다. 그리고 최근 우리는 젠더 고정관념을 고수하면서 그것을 여과 없이 드러내는 현상을 '위험한 남성성toxic masculinity'이라고 말한다. 남성성의 역사를 살펴보면 '남자다움'이 어떻게 해서 현재와 같은 다층적인 개념으로 형성되었는지, 또 어떻게 학자들이 입을 모아 '해롭다, 위험하다'라고 말하는 형태로 구축되었는지 분명하게 이해할 수 있다.

패권적 남성성은 가부장 체제의 핵심이다. 패권적 남성이 여성은 물론 자신보다 지위가 낮은 남성을 지배하고 이를 통해 '남성적인 행위'를 합리화한다. 가부장 체제에서 '지배'는 남성성의 핵심 요소로, 남성은 정치, 군사, 성性, 여성 지배권을 가져야 한다고 끊임없이 요구받았다. 가부장 체제는 이러한 여러 층위의

지배 위에 세워졌다. 나는 이 책에서 동성 및 이성을 지배하는
행위를 통해 남성성을 확보하는 과정과 남자아이가 지배자가 되
기까지 사회적으로 학습하는 과정 등을 함께 살펴볼 것이다.

　학계에서 남성성 연구는 비교적 새로운 영역에 속한다. '남성
성masculinity'이라는 단어가 처음 생겨난 것은 1748년이다.[3] 남성
성 연구가 여성사 및 여성 연구에 비해 뒤처진 까닭은 무엇일까?
애초에 남성사 내지 남성 연구가 여성 연구의 대조군으로 출발
했기 때문이다. 여성사 연구가 활발하게 이루어진 1960~1970년
대에 이르러서야 남성사의 중요성을 인식하고 남성이 가부장 체
제에서 어떤 역할을 했는지 이해하려는 시도가 시작되었다. 가
부장제 사회에서는 모든 남성이 권력을 가질까? 모든 남성이 권
력을 원할까? 남성성의 표출은 서로 다른 문화, 민족, 계급에서
어떻게 달라질까? 이런 질문은 사실 하나의 핵심을 가리킨다.
남성사는 어디에나 있지만 또한 어디에도 없다는 것이다. '역사'
를 의미하는 영어 단어 history는 종종 '남성 역사his story'로 풀
이된다. 대체로 권력을 장악한 남성이 역사 서술을 주도했기 때
문이다. 문자로 기록된 역사는 대부분 상위 계급 남성에 대한 것
이다. 여성은 물론이고 남성이라고 해도 지위가 낮으면 역사에
기록되는 경우가 드물다. 눈에 띄는 활약을 보이는 것은 더 말할
것도 없다. 남성 통치자의 휘황찬란한 업적은 누구나 알지만 일
반 남성의 몸부림은 아무도 모른다. 사실 가부장 체제는 남성과
여성을 동시에 착취하며 유지되었다. 여성이 지금까지 받아온 억

압을 이해하려면 남성이 받은 억압도 연구해야 하는 이유가 여기에 있다.

여성이 억압받은 역사는 많이 알려져왔다. 중세 유럽의 사법 기록을 살펴보면, 남편이 아내를 심하게 폭행해 재판 받은 안건은 많이 남아 있는 반면 남편이 아내에게 가정폭력을 당했다는 안건은 극히 드물다. 그런 사례가 존재하지 않아서가 아니라 여성에게 폭행당할 정도로 신체능력이 뒤처지는 남성을 두고 '남자도 아니다'라고 여겼기 때문이다. 중세 영국에서는 법적으로 남편이 죽으면 아내가 남편 재산의 3분의 1을 청구할 수 있었다. 반대로 아내가 죽으면 남편이 아내의 재산 전부를 차지했다. 그런데 당시 실제 법정 기록을 살펴보면 죽은 남편의 유산을 요구하는 여성의 사례는 수천 건인데 비해 남편이 아내의 유산을 요구하는 소송을 제기한 경우는 거의 찾아볼 수 없다. 남편이 죽은 아내의 재산을 손에 넣는 것은 쉽고 아내가 죽은 남편의 재산을 상속받는 것은 어려웠기 때문이 아니다. 남자들은 아내의 유산을 받아내는 데 어려움이 있더라도 사회적 시선 때문에 법정에 나가는 것을 꺼렸기 때문이라고 봐야 한다.

이렇기 때문에 남성사 연구가 특히 힘들다. 곤경에 처한 남성의 기록은 여성의 사례보다 현저히 적다. 가부장 체제 아래서 남성이 겪은 어려움이 여성이 받은 억압보다 무조건 적다고 할 수 없는데도, 남성은 사회에서 지배자가 되어야 한다고 배웠기 때문에 목소리를 높이며 자신이 얼마나 힘든 상황에 처했는지 알리지 못했다. 그런 내용을 문자로 기록하는 것은 더욱 어려웠다. 그러므로 역사 속 남성의 활동과 남성성을 이해하려면 '억압'이 아닌 다른 시각에서 접근해야 한다. 이 책에서는 정치, 종교, 복장, 문학, 오락과 문화 등 다양한 시각에서 남성성을 분석하면서 고대 그리스·로마 시대부터 제2차 세계대전까지 남성성이 어떻게 형성, 학습, 표출되었는지 살펴볼 것이다. 고대 그리스·로마 시대, 중세 및 르네상스 시대, 근현대, 이렇게 세 시기로 구분해 '남성이란 무엇인가'라는 기준이 각 사회 문화에서 어떤 영향을 받았는지, 또 어떻게 점진적으로 오늘날의 남성 이미지로 형성되었는지 알아보자.

다만 이 책에서 논하는 대상은 서유럽에 한정되며 많은 분량이 영국 사례에 할애되었다. 탐구할 만한 주제와 사례가 더 있지만 아직 나의 연구 영역이 거기까지 미치지 못했다. 내가 이 책을 쓴 목적은 개론적 성격을 띠는 벽돌 한 장을 만들자는 것이었다. 이 책이 앞으로 나올 훌륭한 연구 업적에 디딤돌이 된다면 그것으로 만족한다. 여성만 집중해 다룬 젠더 연구는 완전하지 못하다. 남성의 고통과 억압도 시야에 같이 넣을 때만이 가부장 체제의 박해를 제대로 이해할 수 있다. 양성 평등을 외치는 오늘날, 남성과 여성이 함께 각자의 성별을 해방시켜야만 우리는 앞으로 나아갈 수 있지 않을까.

1 유메이후이尤美惠, 「남성성과 여성성에 관하여談陽剛與陰柔」, 『남성적 기질: 해외 논설 및 대만의 경험陽剛氣質: 國外論述與臺灣經驗』, (巨流: 2012), 47.

2 Alexandra Shepard, "From Anxious Patriarchs to Refined Gentlemen? Manhood in Britain, circa 1500-1700", Journal of British Studies, 44.2 (2002), 281-295.

3 Ibid.

기원전 30세기 ~ 기원전 1세기

폴리스 정치와 영웅주의
: 고대 그리스 남성

남자와 영웅

남자.

호메로스의 『오디세이아Odysseia』를 시작하는 첫 단어는 바로 '남자ἄνδρα'다. 그의 또 다른 걸작 『일리아스Ilias』의 첫 단어는 '분노μῆνις'다. 호메로스의 이들 서사시는 수천 년 전 인류가 '합격'으로 판정한 남성에게 가졌던 기대감을 잘 보여준다. 그리고 이러한 기대감은 오늘날까지 전승되어 문학작품이나 영화에 반영되고 있다. 현대인의 시각에서도 고대 그리스에서 만들어진 영웅 이미지는 전혀 위화감을 주지 않는다.

그런데 학자들 사이에서 '도대체 영웅은 어떤 남자인가?' 하는 질문을 던지기 시작했다. 호메로스의 서사시에서 칭송받는 영웅은 구체적으로 어떤 모습일까?

'남자' 그리고 '분노'. 이 두 단어가 호메로스의 서사시에서 강조되는 핵심이다. 이는 나아가 고대 그리스 사회에서 남성성이 어떻게 정의되었는지, 어떤 남자가 칭송받았는지를 보여준다. 『일리아스』는 아킬레우스의 분노를 중심으로 진행된다. 『오디세이아』는 오디세우스라는 한 남자가 어떻게 갖은 역경을 이겨내고 오랫동안 정절을 지키며 그를 기다린 아내 곁으로 돌아가는지를 다룬다.

기원전 12세기에서 기원전 7세기 사이에 창작되었다고 전해지는 『일리아스』와 『오디세이아』는 오랫동안 고대 그리스의 남성성에 대한 사람들의 상상을 '영웅주의'로 가득 채웠다. 아킬레우스와 오디세우스는 둘 다 평범한 사람을 뛰어넘는 용맹을 타고났다. 심지어 아킬레우스는 반신반인의 존재로, 전쟁에 나섰을 때 함락하지 못한 곳이 없었다.[1]

영국 철학자 앤절라 홉스Angela Hobbs는 고대 그리스의 남성성을 '전장에서의 탁월함Excellence in Battlefield'이라고 요약했다.[2] 남자라면 반드시 무예가 뛰어나야 했고, 또한 그 무예를 전쟁터에서 발휘해 나라를 지켜야 했다. 이런 관점이 아킬레우스와 오디세우스의 인물 설정에 분명히 반영되어 있다. 아킬레우스는 그리스 최고의 장군이자 바다의 여신 테티스의 아들이며, 오디세우스는 이타카섬의 영주이자 하늘 신 제우스의 후손이다. 오디세우스는 무예만 뛰어난 것이 아니라 전술적 능력도 훌륭한 장군이었다. 말하자면 어떤 전쟁에서도 진 적이 없었다. 만약 아킬레우스나 오디세우스가 없었다면 트로이 전쟁의 결과는 아마도 다르게 쓰였을 것이다. 그리스 연합군이 트로이를 함락하지 못했을 테니 말이다. 호메로스의 두 걸작을 관통하는 주제는 개인적 영웅주의다. 독자들은 고대 그리스에서 개인의 영예와 영웅주의가 숭배되었음을 충분히 알아차릴 수 있다. '호메로스식 영웅Homeric hero'

이라고 하면 아킬레우스나 오디세우스가 보여준 영웅다운 특질, 즉 전장에서 획득한 개인적 영광의 추구를 가리킨다.

개인적 영웅주의에 대한 비판

고대 그리스의 남성성과 관련해, 2003년 프린스턴대학 바르바라 그라치오시Barbara Graziosi와 요하네스 하우볼트Johannes Haubold 교수는 다른 견해를 밝혔다.[3]

두 학자는 ἀγηνορίη, ἠνορέη 두 단어를 분석하면서 호메로스 서사시에 개인적 영웅주의에 찬동하지 않는 서술이 많다고 주장했다. 특히 영웅이 개인의 명예를 과도하게 추구하면서 집단의 이익에 악영향을 미칠 때가 그랬다. ἀγηνορίη는 '지나친 남성성excessive manliness'을 의미한다. 고대 그리스인은 지나친 남성성은 동물적 본능과 같이 선천적으로 가지고 태어나는 것이지만 이성의 힘이 부족해서 이를 통제하지 못하면 충동적으로 행동하게 된다고 생각했다. 반면 ἠνορέη는 '긍정적인 남성성manliness, courage, valor'을 의미한다. 이 또한 선천적인 특성이지만 긍정적인 영향을 미치는 것이다. 주변 상황이 좋을 때 ἠνορέη는 그런 특징을 가진 남성을 도와 군대 전체의 사기와 자신감을 올려준다. 그러나 그 남성이 자신의 ἠνορέη를 과신하면 종종 집단 전체에 해를 끼친다.[4] 이 책에서는 ἀγηνορίη를 '혈기 방장함'으로, ἠνορέη

를 '타고난 용기'로 옮기겠다.

이렇게 옮기니 '타고난 용기'는 좋을 때도 나쁠 때도 있지만 '혈기 방장함'이란 많은 경우 부정적인 뉘앙스를 내포함을 알 수 있다. 그럴 때 혈기 방장하다는 것은 집단 전체의 이익은 고려하지 않은 채 비이성적으로 행동하는 용맹함을 가리킨다. 『일리아스』 제12장에서 그리스 연합군과 대치하는 트로이 왕자 헥토르는 경솔한 야수처럼 묘사된다. 호메로스는 헥토르가 전쟁을 언제 끝맺어야 하는지 모른다면서 결국 자신의 혈기 때문에 죽게 될 것이라고 읊었다.[5] 아킬레우스를 묘사할 때도 호메로스는 '혈기 방장함'의 부정적 의미를 부각시킨다. 사실상 『일리아스』는 아킬레우스의 욱하는 성격에서 시작되는 이야기로, 그 구체적 상황은 이렇다. 그리스 연합군 지휘관 아가멤논이 아킬레우스가 특별히 아끼던 한 여자 노예를 빼앗았다. 이에 앙심을 품은 아킬레우스는 전쟁에 참여하지 않겠다고 선언한다. 아킬레우스는 자존심이 강한 인물인데, 그의 자존심은 '그리스 최고 장군'으로 칭송받던 재능의 어두운 일면이었다. 그는 뒤늦게 트로이 전쟁에 참전한 후 무모하게 행동했다. 아킬레우스는 헥토르를 죽임으로써 사촌동생 파트로클로스의 복수를 한 뒤 헥토르의 시신을 전차에 묶어서 끌고 다니며 욕보였다. 아킬레우스의 이러한 행동에 트로이 측을 지지하던 태양신 아폴론이 격분했다. 아폴론은 아킬레우스가 굶주린 사자처럼 힘과 혈기만 믿고 날뛰며, 수치심이라고는 조금도 갖추지 못했다고 비난했다.[6]

『일리아스』의 도입부에서 아킬레우스는 자기 노예를 그리스 연합군 지휘관 아가멤논에게 빼앗겼다는 이유로 출전을 거절한다. 이는 자신이 빠진 그리스 연합군은 승리할 수 없음을 사람들 앞에 과시한 것이었다. 자기 힘을 굳게 믿은 아킬레우스는 그리스 연합군이 반드시 자신을 필요로 하리라는 생각에 출전 거부라는 행동으로 아가멤논에게 복수했다. 아킬레우스는 '고향으로 돌아갈 테다, 더는 아가멤논을 위해 출전하지 않겠다'라고 다짐했다.[7] 이런 작품 속 서술로 미뤄볼 때, 호메로스 같은 고대 그리스 사람들은 '혈기 방장함'을 자기중심적이고 오만하여 자신이 속한 집단에서 잘 어울리지 못하는 성격, 개인의 자존심을 전체 이익보다 앞에 두는 성향 등으로 여겼음을 알 수 있다.

『일리아스』의 주인공은 분명히 아킬레우스다. 이 서사시는 아킬레우스의 용맹함을 찬미하는 작품이다. 그러나 바르바라 그라치오시와 요하네스 하우볼트가 지적한 것처럼, 혈기 방장한 특성을 지닌 아킬레우스와 그 밖의 여러 영웅은 사람들과 어우러지지 못하거나 전체 이익보다 개인의 영예를 우선시하며 행동하는 것으로 묘사된다. 반면 후세 사람들이 전형적인 영웅의 본보기로 여기지 않는 아가멤논은 『일리아스』의 도입부에서 사람들을 포용하고 이끌어가는 리더로서의 자질을 보여준다. 제5장에서 아가멤논은 수 차례 병사들의 사기를 북돋우며 용감하게 행동할 것을 강조하고 그리스 동포의 이익과 안전이 가장 중요한 가치라고 웅변한다. 집단의 이익을 고려하지 않는다면 어떠한 영

예를 얻어도 소용이 없다는 것이다.[8]

호메로스가 그려낸 영웅을 정의한다면 용맹하여 전쟁터에서 두려움 없이 싸우는 것이 첫 번째 요건일 것이다. 그렇지만 타고난 체력적 우위가 오히려 이들 영웅에게 결점으로 작용할 때가 있다. 『일리아스』에서는 한 남성으로서 아킬레우스의 용맹함을 찬미한다. 그러나 호메로스는 집단의 이익이나 전체 국면을 고려하지 않는 남성성은 사실 위험한 것이라고 은유적으로 말한다.

『일리아스』는 개인의 영광을 추구하는 남성성을 은연중에 비판하고 있다. 이런 '혈기 방장함'을 향한 비판은 『오디세이아』에서 더욱 명확해진다. 『오디세이아』를 통해 호메로스는 개인의 영예를 획득하는 것을 최우선시하는 것뿐 아니라 자신에게 속하지 않은 것을 탐하는 남성성까지 비판의 영역을 확대한다.

구체적으로 어떤 것을 문제 삼았을까?

바로 타인의 아내다.

오디세우스는 트로이 전쟁에 참전한 뒤 귀향하는 길에 신의 노여움을 사고 말았다. 그 대가로 갖은 고난을 10년이나 겪은 뒤에야 오디세우스는 비로소 아내 곁으로 돌아올 수 있었다. 아내 페넬로페는 매일 저택으로 찾아오는 구혼자들을 거절하면서 오디세우스가 반드시 돌아올 것을 굳게 믿고 기다렸다. 하지만 구혼자들은 쉽게 포기하지 않았다. 여기서 호메로스가 혈기 방장함과 비슷한 의미로 사용한 ἀνήνωρ가 등장한다. 이는 '분수를 모르는 용기'라고 옮길 수 있다. 구혼자들은 지나친 남성성에 취해 제정신이 아니었다. 그들은 자제력을 잃고 타인에게 속한 여자를 탐냈다.[9] 『오디세이아』에서 호메로스는 분수를 모르는 용기가 남성의 가치를 떨어뜨린다고 여겼다. 분수를 모르는 용기 때문에 남성이 여성, 그것도 이미 결혼한 여성을 향한 충동을 억제하지 못했다고 보는 것이다. 페넬로페는 오디세우스의 아내이므로 구혼자들은 오디세우스라는 한 남성이자 한 집안의 가장이 지닌 권위를 침범한 것이 된다.

『일리아스』와 『오디세이아』는 남성의 용맹함을 기리고 칭송하는 역할을 해온 문학작품이지만, 그 속에는 지나친 남성성에 관한 우려도 담겨 있다. 영웅은 마땅히 찬미해야 할 존재다. 그러나 특출하게 용맹한 이가 정도를 넘어서 우쭐대다가는 집단의 이익을 해칠 수 있다. 『일리아스』에서 남성성은 양날의 검이다. 호메로스는 후대 남성에게 영웅의 본보기를 확립해 보여주면서 동시에 진정한 영웅은 군대나 집단 전체의 이익을 먼저 생각해야 한다고 계도한다. 또한 『오디세이아』에서는 여성을 만났을 때 분수를 모르는 남성성과 욕망을 제멋대로 표출하지 말라고 분명하게 가르친다. 그것이 다른 남성을 침범하는 일이 될 수 있기 때문이다.

이렇게 지나친 남성성을 경계하고 있지만, 『일리아스』에서 아킬레우스는 눈부신 공적 덕분에 협력할 줄 모르는 성격이나 다른 단점이 있음에도 후대에 영웅으로 존경받는다. 독자들은 아킬레우스가 자기중심적이고 감정적으로 행동하는 사람이라는 것을 잘 알고 있다. 그러나 전장에서 보여주는 용맹함 때문에 그의 결함은 특별히 문제되지 않는 것으로 여겨지곤 한다. 『일리아스』는 결국 트로이 전쟁에서 승리하려면 아킬레우스가 반드시 필요했음을 알려준다.

이런 영웅 숭배를 통해 알 수 있는 것은 고대 그리스 사회가 무력을 중시했다는 사실이다. 앞서 언급한 앤절라 홉스는 고대 그리스에서 남자다운 남자로 불리려면 반드시 전쟁터에서 승리해야 한다고 했다. 그리스 남자는 전쟁에 나가 용맹하게 싸워 이기는 것을 삶의 목표로 삼았다. 왜 이런 사상이 생겨났을까? 그 원인은 고대 그리스의 사회적 배경에서 찾을 수 있다.

고대 그리스 폴리스 정치와 남성성

호메로스의 서사시는 고대 그리스에서 도시국가, 즉 폴리스 Polis가 성립되던 때 완성되었다. 폴리스는 흔히 '그리스 고전기 Classical Greece(기원전 5세기~기원전 4세기)'로 분류되는 시기에 이르러 최전성기에 이르렀으며 그 무렵부터 폴리스 간 세력 다툼으로 인한 빈번한 전쟁이 이어졌다. 나아가 폴리스와 그리스 외부 세계와의 전쟁도 많았는데, 기원전 499년 그리스 연합군과 페르시아제국이 충돌한 그리스·페르시아 전쟁이 대표적인 예다. 하나의 폴리스는 곧 하나의 정치체이자 국가였다. 폴리스는 몇 가지 특징을 지닌다. 폴리스는 지리적으로 방어에 유리하도록 산 위에 지은 요새 같은 성을 중심으로 주변 마을을 포함했으며, 산 위에 위치한 성을 '아크로폴리스Acropolis'라고 했다. 성안 거주민은 주로 공공장소인 아고라Agora를 중심으로 활동했다. 그리스 반도 전체에 폴리스가 빽빽이 존재했고, 그 규모가 제각각인 것은 물론 정치체제도 서로 달라, 군주제, 귀족제, 과두제, 민주제 등 다양했다.[10] 이론적으로 모든 남성 시민은 성년이 되면 정치에 참여할 수 있었다. 하지만 폴리스를 통치하는 정치권력은 대개 소수 집권자에게 집중되었다. 그리스 반도에는 폴리스가 1천 개가까이 존재했다고 알려져 있는데, 그중 아테네와 스파르타의 명성이 드높았다. 특히 스파르타는 그리스 폴리스 가운데 가장 넓은 땅을 소유했다.[11]

폴리스 간 또는 외부 세계와 끊임없는 전쟁을 치러야 했던 이 시기 그리스에서 무엇보다도 중요하게 여겨진 것은 당연히 군사력이었다. 이러한 분위기가 남성성의 정의에 직접적인 영향을 미쳐 용맹한 병사야말로 남자다운 남자라는 인식이 생겨났다. 물론 한 남자가 남성성을 갖췄는지를 판단하는 기준은 여러 가지가 있었다. 아테네에서는 정치적으로 성공하는 것도 남성성의 좋은 표출 사례로 보았다. 하지만 여러 폴리스가 공통적으로 정의한 남성성의 으뜸 요건은 용맹한 병사로서 전쟁터에 나가 승리를 쟁취하는 것이었다.

스파르타의 강력한 군대

　스파르타는 고대 그리스 폴리스 중 군대 일원으로 전쟁에 참여하는 것을 남성성의 모범으로 여긴 대표적인 사례로 손꼽힌다. 스파르타 성인 남성의 직업은 일평생 오로지 한 가지뿐이었다. 바로 군인이다. 스파르타 남자는 일곱 살부터 강제적으로 군대에 편입되어 집단생활을 했다. 그들의 삶은 온통 전쟁 준비로 채워졌다. 그래서 남자가 갖춰야 할 조건 가운데 용기를 가장 귀중한 것으로 평가했다. 지혜, 정의, 동정심, 정치 참여 등 그 어떤 것보다도 용기가 중요했다. 스파르타의 군사 훈련으로 후대까지 널리 알려진 '아고게Agōgē'는 일곱 살부터 스물아홉 살까지 젊은 남자를 대상으로 하는 전방위적 신체 훈련이다. 아고게 훈련 종목에는 각종 사냥 기술은 물론 1년 내내 얇은 겉옷 하나와 샌들만 착용한다거나 최소한의 식량으로 생활하는 것 등 고통을 견디는 기술이 포함되었다. 이 훈련의 목적은 남자들에게 용기를 길러주는 것이며, 최종적으로는 전쟁터에서 나라를 위해 목숨을 바치겠다는 결심을 이끌어내는 것이었다. 스파르타는 용기를 핵심 가치로 삼고 전쟁을 목적으로 세워졌으며 그에 따른 훈련과 남성성 정의로 남자를 교육시킨 폴리스였다. 기원전 7세기에 스파르타에서 활동한 시인 티르타이오스Tyrtaios는 이렇게 말했다.

　용기는 인간의 가장 귀중한 자산이며 젊은 남성이 가장 갈망하는 미덕이다. 나라의 모든 이가 이 미덕을 갖췄을 때가 진정 훌륭한 시대다. 용기가 있으면 전장에서 흔들리지 않는다. 무기를 버리고 투항하거나 전투를 앞두고 도망치는 것과 같은 사악한 생각은 순식간에 사라질 것이다.[12]

모든 남성 시민이 절대 흔들리지 않는 전사가 되도록 훈련시키는 스파르타에서는 용기와 관련된 수많은 이야기가 만들어졌다. 지금부터 소개하는 이야기는 스파르타인이 전사에게 요구하는 기준이 무엇인지 잘 보여준다. 한 남자아이가 여우를 잡아 자기 품에 넣고 감추었다. 여우는 아이의 품에서 빠져나가려고 발버둥 치며 아이의 배를 할퀴고 깨물었다. 자기가 잡은 여우를 다른 사람에게 들키고 싶지 않은 아이는 여우가 자기 배 속 장기를 갉아 먹는데도 고통을 참으며 전혀 소리를 내지 않았다. 플로리다 롤린스칼리지 고전철학 교수 스콧 루바스Scott Rubarth는 이야말로 스파르타 사회에서 정신적 용기 및 신체적 고통을 참는 능력을 얼마나 중요하게 여겼는지 잘 보여주는 이야기라고 했다.[13] 그러나 이 이야기의 결말은 누구도 알지 못한다. 소년이 죽었는지 살았는지 알 수 없다.

용기가 남성이 갖춰야 할 지고의 가치로 여겨진 것은 사실 그리스 폴리스 간 전쟁이 끊임없이 이어졌기 때문이었다. 계속된 전쟁에 대응하고자 채택한 스파르타의 군국주의로 인해 모든 스파르타 남자는 '용맹한 전사'가 되는 것을 평생 유일하게, 그리고 가장 중요하게 이뤄야 하는 성취 목표로 설정했다. 용기를 갖추지 않고는 전사로 불릴 수 없었다. 전장에서 용맹하게 싸우는 것만이 국가에 최대 이익을 안겨주는 일이었다.

'용감한', '남성적인'이라는 뜻을 지닌 Andreia는 그리스어에서 '남자'를 의미하는 ἀνήρ에서 유래했다. 앞서 설명한 '혈기 방장한 ἀγηνορίη', '타고난 용기ἠνορέη'라는 단어 모두 남성을 묘사할 때 사용한다. 이런 점에서 봤을 때 고대 그리스인에게 용감하다는 것은 남자만이 가질 수 있는 특질로 여겨졌음을 알 수 있다. 또한 스파르타 남자에게 이런 품성은 자기 정체성의 일부분이었다. 기원전 5세기 펠로폰네소스 전쟁 당시 스파르타 군대가 아테네 성벽 바깥에 도착했을 때, 아테네인은 성안에 숨은 채 전투에 나서지 않았다. 아테네는 소모전으로 대응하려는 것이었으나 스파르타인은 성벽을 구축하고 그 안에서 자기 몸을 지키려는 행동을 남자답지 못한 것으로 보았다. 스파르타인의 기준에서 아테네인은 남자라고 할 수 없었다. 스파르타 군대는 성 바깥 마을을 약탈하고 성 밖으로 나와 맞서 싸우지 않는 아테네인을 '계집애 같은 것들'이라며 조롱했다.[14]

아테네 남자의 모범

한편 아테네는 스파르타와 달랐다. 아테네인 역시 '용기'를 남자다운 남자가 갖춰야 할 중요한 품성으로 여겼다. 여기에 더해 아테네에서는 성공한 남자라면 정치 혹은 공공 업무에 일정 수준 이상의 참여도를 보이는 것이 필요했다. 말하자면 아테네인은 남자를 평가할 때 전쟁터에서 공을 세우는 것만큼이나 정치 참여를 중요한 요소로 생각한 것이다. 펠로폰네소스 전쟁 당시의 상황은 스파르타인과 아테네인이 생각하는 용기가 어떻게 다른지 잘 보여준다. 스파르타군이 아테네 성이 있는 아티카로 진격해오자 아테네인은 성문을 닫아걸었다. 스파르타군이 성벽 바깥에서 약탈을 자행하며 싸움을 걸어도 결코 성 밖으로 나가지 않았다. 아테네는 군대를 내보내 전투를 벌이기에는 패전할 확률이 높다고 전망했다. 그래서 스파르타군이 겁쟁이라며 조롱을 해대도 꾹 참았다. 그들은 아테네의 강력한 해군력을 믿었기에, 해군이 돌아와 지원해주기를 기다렸다.[15]

스파르타인이 보기에, 적군이 침략했는데도 나와서 싸우지 않는 것은 너무도 나약한 행동이었다. 그러나 아테네인은 군사력이 대등하지 않은 상황에서 무작정 맞서 싸우는 것은 무모한 행동이라고 보았다. 아테네인은 신중하지 못하고 어리석은 용기를 지양했다. 본능과 혈기만 믿고 분연히 나서는 대신 지략과 기술로 승리를 거두는 것을 더 중요하게 여긴 것이다(하지만 아테네는 결국 이 전쟁에서 패배했다).

기원전 4세기 말 플라톤이 쓴『향연Symposion』에서도 스파르타와는 다른 남성성 정의를 볼 수 있다. 플라톤은 정치가야말로 남자 중의 남자라고 여겼다. 지혜와 화술, 정치사상으로 나라를 다스리며 웅변 능력을 갖춘 정치가를 최고의 남자라고 보았다. 플라톤은 한 남자가 다른 남자를 상대로 논쟁해서 승리한 것은 패배자에게서 남성적 특성을 박탈하는 것과 같다고 믿었다.[16] 아리스토텔레스도 같은 관점이어서, 소위 '남자다운 남자manly man'라면 반드시 정치에 참여하는 남성 시민이어야 한다고 보았다. 생물학적으로 남성이라고 해서 모두 '남자다운 남자' 기준에 부합하는 것은 아니라고 여긴 것이다.[17]

이처럼 아테네인은 앞뒤 살피지 않고 돌격하는 용맹함을 가장 훌륭한 남성적 특성으로 보지 않았다. 그들은 정치적으로 영향력 있는 정치가가 '남자다운 남자'라고 불릴 만하다고 생각했다. 그 밖에 아테네 남자는 한 집안의 수장으로서의 역할을 중시했다. 스파르타 남자는 일곱 살에 집을 떠나 군대에 들어간다. 그러므로 스파르타에서는 집안을 이끌고 가족을 보살피는 일에 있어 여성의 발언권과 주도권이 다른 도시국가에 비해 높았다. 하지만 아테네에서 '주인'이라는 뜻의 '퀴리오스kurios'라고 불린 집안의 수장은 반드시 성인 남자여야 했다. 집안의 수장이 되려는 남자는 결혼하고 아이를 낳아 자기 가정을 꾸려야 했다. 그리고 아내와 자식 및 집안에 속한 노예를 포함한 모든 구성원에게 절대적인 통제력과 지배권을 가져야 했다. 무엇보다 '아버지'가 된다는 것이 핵심이다. '아버지'가 되어 자녀를 낳아 길러야만 자격을 갖춘 가장이 된다. 가장이 지닌 지배권은 왕국의 축소판이었다. 누구든 이 작은 왕국의 지배자가 지닌 위엄과 권력을 침범해서는 안 된다. 가장의 권위를 위협하는 모든 행동은 처벌의 대상이었다. 아내의 간통을 현장에서 잡아냈을 경우, 남편은 아테네 법률에 따라 그 자리에서 아내와 간통한 자를 죽일 수 있었다. 만약 간통 증거를 사후 발견했다면 어떻게 할까? 역시 법률이 간통한 자를 처벌해주었다. 받은 대로 돌려주거나 남자의 존엄을 침해하는 다른 방식으로 징벌했는데, 큼직한 덩이줄기 채소를 간통범의 항문에 강제로 집어넣는 식이었다.[18] 다른 남자 가장의 소유물을 침범한 죄를 저질렀으니 그 벌로 간통한 남자를 강간해 '삽입당하는 자penetrated'로 만드는 것이다. 말하자면, 범죄를 저지른 남자를 '여성화'하는 것, 남자를 여자의 위치로 끌어내리는 것이다. '삽입당하는 자'의 대척점에는 타인에게 삽입하는 남자가 있다. 남성성을 갖춘 남자가 되려면 반드시 '삽입하는 자penetrator'여야 한다. 이 개념은 뒤에서 좀 더 상세히 설명하겠다.

『일리아스』, 『오디세이아』와 함께 고대 그리스 폴리스의 역사를 살펴보며 남성성이 용기 및 전쟁과 밀접하게 관련되어 있음을 알 수 있었다. 전쟁이 끊임없이 계속되었기에 신체적으로 건장하고 무예에 뛰어난 것이 남성성의 첫째 요건이었다. 문학작품에서든 역사에서든, 전장에서는 강한 육체가 무엇보다 중요했다. 그러므로 영웅은 다른 이들보다 무력이 강하고 전쟁에서 탁월한 공을 세운 사람이어야 한다. 그렇다고 해서 단순히 무예만 뛰어나서는 안 되며, 무엇보다 용기가 있어야 한다. 스파르타의 남성 시민 훈련 과정에서는 용기가 무척 강조되었다. 용기가 있어야만 나라를 위해 목숨 바쳐 희생할 수 있기 때문이다. 호메로스의 서사시에 등장하는 아킬레우스, 헥토르, 오디세우스 같은 영웅은 일반인보다 훨씬 용기 있는 인물이다. 그들은 목숨을 건 전투를 두려워하지 않으며, 전쟁을 통해 자기 영예를 드높이는 것을 무엇보다 우선시했다. 반면 지략을 강조한 아가멤논이나 사랑하는 여자만 신경 쓴 파리스는 전통적인 '영웅' 범주에 들지 못한다. 호메로스의 서사시를 읽는 오늘날의 독자 역시 이들처럼 용기가 부족한 사람을 '탁월한 남성'으로 보지 않는다.

용기는 남성성을 구성하는 다양한 개념 중 가장 대표적이라고 할 수 있는 특징이다. 용기에는 여러 종류가 있다. 용기는 남자를 더욱 남자답게 해주지만 만용은 집단의 이익을 해친다. 바르바라 그라치오시와 요하네스 하우볼트가 분석한 것처럼, 호메로스 서사시에는 지나친 남성성을 은연중에 비판하는 장면이 적잖이 등장한다. 개인의 영예를 최고 가치로 여기는 영웅은 종종 집단의 이익을 고려하지 않은 채 독불장군처럼 행동했다. 가족의 눈물 어린 호소는 그들을 막을 수 없었다. 헥토르는 가족이 만류하는데도 아킬레우스와 맞섰다가 결국 전사했다. 헥토르의 아내 안드로마케는 헥토르가 자신의 혈기 탓에 죽음에 이르렀다고 탄식했다.[19]

호메로스의 서사시에서 드러난 남성성의 첫 번째 특징은 용기다. 다만 고대 그리스인은 용기를 추앙하고 동경하면서도 이성으로 이를 자제하지 못하면 오히려 안 좋은 결과를 가져온다는 사실을 우려했다. 역사적으로도 당시 병사들은 남자라면 전장에서 당당히 맞서는 용기를 반드시 갖춰야 할 조건으로 생각했다. 이렇듯 용기는 고대부터 서양 남성사를 관통하는 주제로 자리 잡은 이래 근현대까지 한 번도 남성성의 개념에서 누락된 적이 없었다.

1 아킬레우스는 바다의 신 테티스와 테살리아 왕 펠레우스 사이에서 태어났다. 오디세우스는 이타카의 왕이며 그의 아버지는 제우스의 손자 라에르테스다.

2 'Podcast 258: Honour, Courage, Thumos, and Plato's Idea of Greek Manliness', in 'Get Action', last accessed on 20 September, 2020, https://www.artofmanliness.com/articles/podcast-258-honor-courage-thumos-platos-idea-greek-manliness/

3 Barbara Graziosi and Johannes Haubold, 'Homeric Masculinity: HNOPEH and A ΓHNOPIH'. The Journal of Hellenic Studies, 123 (2003), 60-76.

4 Ibid., 63.

5 'yet his brave heart does not flinch or fear: his own ἀγηνορίη kills him'. Iliad, 12.41-50. Ibid., 64.

6 Iliad, 24.39-35. Ibid., 65.

7 Iliad, 9.398-400, Ibid., 67.

8 Iliad, 5.529-532. Ibid., 68.

9 Ibid., 73-75.

10 린리수林立樹, 『세계문명사世界文明史 上』, 타이베이: 우난출판사五南出版社, 2002, 67-69.

11 'Ancient History Encyclopedia', last accessed on 22 November, 2020, https://www.ancient.eu/sparta/

12 Arius Didymus, Epitome, 5b1.21ff = SVF 3.262 = LS 61H, cited by Ibid., 26.

13 Rubarth, 'Competing Construction of Masculinity in Ancient Greece', 21-32.

14 Ibid., 25.

15 Rubarth, 'Competing Construction of Masculinity in Ancient Greece', 25.

16 Ibid., 28-29.

17 Thomas K. Lindsay, 'Aristotle's Appraisal of Manly Spirit: Political and Philosophic Implications, American Journal of Political Science, 44. 3 (2000), 433-448.

18 Rubarth, 'Competing Construction of Masculinity in Ancient Greece', 26-27.

19 Iliad., 22. 454-9, cited by Graziosi and Haubold, 'Homeric Masculinity: HNOPEH and A ΓHNOPIH'. The Journal of Hellenic Studies, 70.

동성애

: 고대 그리스·로마의 스승-제자 관계

사람이 있는 곳에는 성性이 있다. 성은 인류 역사를 관통하는 중요한 주제다. 그렇다면 고대 그리스인은 성을 어떻게 바라보았을까? 고대 그리스에서 성은 '삽입'과 '피삽입'으로 단순하게 구분되었다. 말하자면 동성 혹은 이성 사이에서 애정과 향락을 나누는 행위를 하는 것이 성이다. 그런데 고대 그리스에서 성애는 오직 애정에 기반한 행위가 아니라 일반적으로 계급과 지배의 의미를 가졌다. 지배자는 남성의 생식기를 이용해 타인에게 삽입한다. 삽입당하는 자는 피지배자가 된다.

따라서 태생적으로 삽입하는 자가 될 수 없는 여성은 영원히 피지배자 위치에 놓인다. 남성만이 절대 권력을 지니는 존재다. 이런 지배관계는 외성기를 지닌 남성은 여성보다 고상한 생물종이며 여성은 기본적으로 하자가 있는 생물이라는 사상 위에 형성되었다. 고대 그리스인이 생각하기에 완벽한 영혼과 육체를 가진 것은 남성뿐이었다. 남성과 여성의 결합은 완벽한 존재가 그렇지 못한 존재를 굴복시키는 것이었고, 남성과 남성의 사랑은 완벽한 두 생물이 결합하는 것이기에 고상하고 순결했다. 플라톤의 『향연』에서는 남성 간 동성애가 가장 고귀하다고 언급한다. 이런 관념은 고대 그리스인의 남근phallus숭배 사상에 얼마간 근

원한다. 남근을 가지지 못한 여성은 자연히 순수한 사랑의 대상
이 될 수 없었다.[1]

스승과 제자

고대 그리스의 동성애는 오늘날 우리가 생각하는 것처럼 자
유연애와 젠더 평등을 기반으로 이루어지지 않았다. 거기에
는 계급 관계가 깔려 있었다. 미국 텍사스대학의 토머스 허버드
Thomas Hubbard는 아테네에서 남성 간 사랑은 일종의 교육과정
이라고 했다. 성인 남성이 아직 어린 남성에게 어떻게 해야 타인
을 지배하는 성숙한 남성이 될 수 있는지 가르치는 행위라는 것
이다.[2] 이 과정은 현대의 구애courtship와 비슷하다. 대개 연장자인
성인 남성erastes(스승)과 가르침을 받을 소년eromenos(제자)이 일대
일로 짝을 지어 친애적 관계를 형성한다. 스승은 제자에게 여러
방면의 지식을 전수해야 하는데, 특히 어떻게 해야 훌륭한 남성
적 덕목을 기르고 자기 욕망과 감정을 통제할 수 있는 '온전한 인
간'으로 발전할 수 있는지를 가르쳐야 한다.[3]

이런 관계는 보통 스승 쪽에서 소년에게 '구애'하는 데서 시작
된다. 현존하는 고대 그리스 도기에 이런 구애 과정이 많이 그려
져 있다. 토머스 허버드는 「아테네 동성애와 남성성 확립Athenian
Pederasty and the Construction of Masculinity」이라는 논문에서 여러 유

물을 사례로 들며 '스승-제자' 관계가 어떻게 소년에게 남성성을 가르치는지 살펴보았다. 허버드는 이 관계의 핵심이 소년에게 '올바른 선택 능력prophaeresis', 다시 말해 욕망과 이성 사이에서 올바르게 선택하는 법을 길러주는 데 있다고 보았다. 소년은 스승의 '구애'를 받았을 때 오로지 생리적인 욕망이나 애정을 이유로 구애를 받아들이는 것이 아니라 세심하게 고민하고 검토해야 했다.[4] 올바른 선택 능력이란 아테네 시민이라면 필수적으로 갖춰야 하는 소양이었고, 올바른 선택을 함으로써 그들이 여성과 동물, 노예와 다르다는 것을 보여주어야 했다.

그렇다면 올바른 선택은 어떻게 진행되었을까? 고대 그리스 도기화에서 그 과정을 살펴볼 수 있는데, 스승의 구애를 받아들일지 여부를 결정하는 사람이 소년이라는 것을 보여주는 도기화가 제법 많다.

구애 과정이 명확하게 그려진 한 도기를 보자. 구애는 선물을 주는 것으로 시작한다. 도기화에서 가장 오른쪽에는 성인 남성(스승)이 월계관을 들고 있다. 월계관은 운동 경기에서 승리하는 것을 의미한다. "나를 스승으로 선택한다면 경기에서 이길 수 있는 기술을 가르쳐주겠다"라고 제안하는 것이다. 그림 중간에 묘사된 성인 남성은 토끼를 품에 안고 있다. 뛰어난 사냥 기술을 제시하며 소년에게 스승-제자 관계를 맺자고 설득하는 것이다. 가장 왼쪽에 서 있는 성인 남성은 수탉을 들고 있다. 수탉은 전장에서의 승리를 가리키며, 소년에게 전투에 필요한 지식과 기술을 가르치겠다는 의사를 보여준다. 이 도기화에는 스승이 제시하는 선물을 향한 소년들의 명확한 반응이 표현되어 있어 더욱 흥미롭다. 월계관을 본 소년은 큰 흥미가 없는 듯하며 그의 옷차림은 전혀 흐트러지지 않았다. 토끼를 본 소년은 확실히 관심이 있는 듯, 손을 앞으로 내미는 그의 옷은 반쯤 벗겨졌다. 수탉을 받은 소년은 몹시 기뻐 보인다. 그는 옷을 다 벗다시피 했고 음경도 발기한 상태다. 그만큼 소년의 즐거움과 흥분이 드러나 있는 것이다.[5]

선물을 주는 과정에서 소년은 올바른 선택의 첫 걸음을 배운다. 저 사람을 스승으로 받아들여야 하는가? 스승이 제공하는 전문 지식을 내가 원하는가 혹은 필요로 하는가? 소년의 신체 반응은 구애 과정에서 성욕을 불러일으키는 '애정' 역시 핵심적인 역할을 한다는 것을 잘 보여준다. 도기화에서 보듯 수탉을 받은 소년은 스승을 향해 성적 흥분을 드러내며, 이를 감추는 듯한 태도는 전혀 묘사되지 않았다. 고대 그리스 사회에서 성은 감추어야 할 화제가 아니었다. 고대 그리스의 여러 도시국가에서는 성애를 보편적으로 수용했으며 동성 간 성행위도 금지하지 않았다. 이 부분은 가톨릭교회가 사회를 이끌던 중세와 완전히 다른 점이다.

성행위로 성립되는 스승-제자 관계

고대 그리스 도기화에는 스승-제자 관계에서 성이 얼마나 중요한 역할을 하는지 잘 나타나 있다. 스승(성인 남성)이 소년의 생식기를 만지거나 소년이 스승의 얼굴을 쓰다듬는 장면 등이 묘사되어 있고 스승과 소년의 눈에는 경애와 욕망이 담겨 있다. 그림 속 소년은 이제 막 청소년기에 접어든 것처럼 어려 보인다. 토머스 허버드의 연구 결과, 스파르타든 아테네든 남자아이는 열두 살 무렵부터 성인 남성의 구애(성애적 경험을 포함)를 받을 수 있었다. 성애 관계에서는 나이가 어린 소년이 '삽입당하는 자'가 되고 스승은 당연히 '삽입하는 자'(지배자)가 된다. 한데 앞서 언급했던 삽입하는 자가 높은 지위를 가진다는 개념이 스승-제자 관계 성행위에서는 조금 다르게 작용한다. 남녀 간 삽입-피삽입과 달리 스승-제자 관계에서는 어린 쪽이 삽입당하는 자의 역할을 맡더라도 무조건 낮은 지위를 가진다고 보기는 어렵다. 삽입-피삽입 경험을 통해서 어린 남자가 이후에는 삽입하는 자, 즉 지배자가 될 수 있기 때문이다.

이런 행위는 심포지엄Symposium에서도 자주 나타난다. 고대 그리스의 심포지엄은 남성 시민만 참여할 수 있는 모임으로, 정치, 철학, 문학 등을 주제로 밤새 열띤 논의가 벌어졌다. 이 심포지엄에 매춘부를 부르는 경우가 많았고, 젊은 남자들은 매춘부와의 성행위를 통해 삽입하는 자의 역할을 경험하곤 했다. 고대 그리스 도기화 중에는 연장자 남성과 소년이 매춘부의 앞과 뒤에서 동시에 성기를 삽입하는 묘사가 전하기도 한다. 지배자로서의 남성의 역량을 최대로 표현한 것인데, 더욱 재미있는 것은 두 남자의 시선이 매춘부가 아니라 상대방 남자에게 향해 있다는 점이다. 이는 스승-제자 관계의 감정적인 특수성을 보여주는 좋은 예다.[6]

심포지엄에서 젊은 남자는 성애와 더불어 경쟁심도 배웠다. 철학, 정치, 문학에 대한 끝없는 변론이 이어지는 가운데 '웅변'으로 상대 남성을 제압하는 것은 매우 남성적인 행위로 여겨졌으며 숭배할 만한 일이었다. 언어로 이기는 것은 '상대 남자의 존엄을 박탈하는 행위unman the other man'였다. 따라서 스승은 제자가 이 경쟁에서 이길 수 있도록 가르쳐야 했다. 경쟁에 참여해 자기 재능을 드러내야만 장차 뛰어난 아테네 시민이 될 수 있었다. 아테네인에게 '시민'은 남성성을 대표하는 존재였다. 그들은 여성, 어린아이, 노예와는 다른 존재이기 때문이다.

이렇듯 경쟁을 위주로 진행되는 학습은 강한 무력을 추앙하는 사회적 분위기를 반영한다. 남성으로서 합격점을 받으려면, 나아가 영웅이 되려면 반드시 승리해야 했다. 그리고 군사적 측면에서 승리하는 것이 특히 중요했다. 이는 한 남자가 사람들에게 존경받는 모범 사례로 성장할 수 있는 가장 빠른 방법이었다. 스파르타인에 비할 바는 아니라도 아테네인 역시 군사적 능력을 중요하게 여겼다. 동성애 관계를 다룬 변론에서도 이런 관점이 잘 드러난다. 『향연』에는 군대 내 동성애 관계를 장려해야 한다고 주장하는 사람이 등장한다. 전우들 사이에 애정이 형성되면 그 상대를 위해, 그리고 전체 군대를 위해 더욱 몸 바쳐 싸우게 되어 승리할 가능성이 커진다는 것이다. 이러한 관점은 『향연』 내에서도 많은 논란을 불러일으켰다.[7] 하지만 『일리아스』에서 아킬레우스는 사촌동생과 유사 연인관계를 맺었고 그에 대한 굳건한 애정을 보여주었다. 전쟁터에서는 '전우가 곧 연인'이라는 관념이 만들어질 수 있는 상황이지 않을까?

심포지엄 외에 동료와 경쟁하는 상황이 벌어지는 곳이 또 있었다. 바로 경기장gymnasium이다. 경기장에서는 신체 발육 정도부터 육체적 아름다움과 힘, 나아가 다양한 종목의 기능을 겨뤘다. 아테네 남자들은 나체를 부끄러워하지 않았다. 경기장의 어원인 그리스어 gymnos는 '나체'라는 뜻이다. 힘과 아름다움으로 가득한 경기장에서 성인 남성은 흡족할 만한 제자를 물색하고 소년들은 동성의 육체에 이끌리는 경험을 했다. 이런 이끌림을 '동성 간 성욕homoeroticism'이라고 하며 이는 스승-제자 관계에서도 중요한 부분이다. 성욕을 불러일으키는 사랑을 '에로스eros'라고 한다. 에로스는 가장 원초적인 성애와 욕망이다. 에로스에서 '스승'을 의미하는 '에라스테스erastes'와 '제자'를 의미하는 '에로메노스eromenos'라는 단어가 파생되었다. 에라스테스는 '사랑하는 자'이고 에로메노스는 '사랑을 받는 자'다. 이로써 스승-제자 관계가 지극히 원초적인 성적 이끌림에 기반하고 있음을 알 수 있다.

이러한 성적 이끌림은 제자가 되는 소년에게 이성과 욕망 사이에서 최종적으로 올바른 선택을 하는 법을 가르치는 과정이기도 했다.[8]

프레임 밖 동성애

동성 간 성욕은 스승-제자 관계에서만 일어나는 것은 아니며, 많은 경우 나이가 비슷한 젊은 남자 사이에서 생겼다. 그렇다면 스승-제자 프레임 밖에서 벌어지는 동성애도 사회에서 용인되었을까? 고대 그리스 회화 가운데 경기장에서 소년에게 꽃을 건네는 젊은이와 막대기를 든 교관이 나이가 비슷한 소년에게 구애하는 젊은이를 쓰러뜨리고 발로 밟고 있는 장면이 있다. 교관은 젊은이에게 이렇게 경고하는 것처럼 보인다. "너의 분수를 잊지 말라. 너는 아직 '스승'이 되어 어린 남자에게 구애할 수 있을 만큼 나이를 먹지 않았다."

이 그림은 스승-제자 관계에서 이뤄지는 동성애가 아니고서는 사회에서 받아들여지기 힘들었음을 보여준다. 브리지드 켈러허Brigid Kelleher는 고대 그리스 사회에서 동성 간 성행위는 쉽게 인정받지 못했다고 말한다. 오히려 사회적으로 동성애에 대한 많은 우려가 있었다. 아테네 법률에 따르면 경기장은 해가 뜨기 전에 문을 열 수 없고 해가 지기 전에 반드시 문을 닫아야 했다. 이런 규정은 나쁜 마음을 먹은 성인 남성이 어둠을 틈타 소년을 유괴하는 것을 방지하기 위함이었다.[9] 또 다른 아테네 법률에는 소년이 경기장에 갈 때는 반드시 하인이 호위해야 한다는 조항도 있었다. 이는 범죄자(대개 성인 남성)에 의한 유괴 등을 피하기 위해서였다.[10] 소년 합창단을 지도하는 남성은 반드시 마흔 살이 넘어야 한다는 규정도 있었다. 마흔 살이 넘은 남자는 그보다 어린 남자에 비해 동성을 향한 성충동homoerotic impulse이 약하다고 여겼기 때문이었다. 다시 말해 마흔 살이 넘으면 소년을 꾀어내거나 이용하지 않는다는 의미다. 현대의학에 따르면 터무니없는 이야기지만, 어쨌든 당시 아테네 사회에서 동성 간 성적 끌림을 얼마나 우려했는지 잘 알려주는 사례다.

또한 강제 성교hubris를 처벌하는 법률 조항을 보자. 아테네 법률은 자만심을 채우기 위해, 자기 즐거움만을 위해 상대방에게 성행위를 강제하는 행위를 금지했다. 브리지드 켈러허는 이러한 법 규정이 어떤 남성도 다른 남성 시민을 향해 '삽입하는 자'의 태도를 취할 수 없게 하는 의미를 가졌다고 설명한다. 아테네인은 여성과 노예만이 성관계에서 지위가 낮은 삽입당하는 자가 될 수 있다고 보았다. 남성은 특정한 이유 없이 피지배자의 위치에 처할 수 없기 때문에 이런 행위를 엄격히 금지한 것이다.[11]

브리지드 켈러허는 스승-제자 관계를 좀 더 깊이 들여다보며 제약과 자기통제가 있었다는 점에 주목했다. 소년은 성인 남성의 구애를 받았을 때 곧바로 수락해서는 안 되며 반드시 일차적으로 거절함으로써 정절을 지켜야 했다. 그런 다음 천천히 스승과 관계를 쌓았다. 다시 말해 스승-제자 간 구애는 '제식화'된 절차에 따라 이뤄졌으며, 이런 절차 밖에서 일어나는 동성애는 어떤 경우라도 저급하다는 비판을 받았다. 이와 관련해 '난교하는 자kinaidos'라는 단어가 있다. 이는 아무하고나 쉽게 성관계하는 사람을 가리키며 매춘부와 비슷하다고 여겼다. 아테네 남성의 동성애 관계는 스승-제자 관계라는 프레임 안에서 법률을 준수하며 진행된 것이 아니라면 '난교하는 자'라는 오명을 얻는 근거로 작용했다. 이런 남자는 남성성을 갖추지 못한 남자이자 삽입당하는 자로서 다른 남성보다 한 단계 아래 인간으로 취급되었다.[12]

아테네인의 스승-제자 관계는 남성이 여성보다 우월하다는 사상에 기반했으며, 동성애는 지배자들끼리 공유한 고귀한 감정이었다. 스승-제자 관계를 통해 아테네 소년은 어떻게 해야 심포지엄이나 경기장에서 남성성을 갖춘 남자가 될 수 있는지 배웠다.

한편 지나친 동성애는 고대 그리스 아테네에서 사회적 근심거리였다. 그 시대 동성애는 오늘날처럼 사랑과 자유를 기초로 형성되는 감정이 아니라 스승-제자 관계라는 사회적 프레임을 갖추어야 가능한 것이었다. 즉, 남성 간 애정은 이 프레임 안에서만 용인되었다. 스승 역할을 맡은 성인 남성은 서른 살이 넘으면 반드시 여성과 결혼해 우수한 남성 유전자를 후대에 물려주어야 했다. 당시 사회에서 신봉하던 남근숭배 사상 덕분에 남성은 삽입하는 자로서의 높은 지위를 누릴 수 있었다. 남성의 우수한 특질을 유지하기 위해 사회 전체가 남성이 '삽입당하는 자'로 전락하는 것을 두려워했다. 합법적으로 삽입당하는 자가 될 수 있는 시기는 오로지 소년기에 성인 남성과 성관계할 때뿐이었다. 스승-제자 관계를 벗어나면 모든 남성이 삽입하는 자이자 사회의 지배자가 될 것을 요구받았다. 그것이 남성성 및 남성의 가치를 드러내는 일이기 때문이다.

로마 시대 동성애

로마 시대 동성애도 고대 그리스와 비슷했다. 라틴어에서는 동성애와 이성애를 구분하지 않는다. 로마 남성 시민은 자유민으로서 영원히 남성성을 가진 삽입하는 자다. 그가 삽입하는 대상은 남성이든 여성이든 전부 여성화된 피지배자에 속했다. 그리스의 스승-제자 관계와 다른 점이라면 로마 남성 시민이 찾은 동성애 대상은 대개 비자유민, 즉 남성 노예라는 사실이다. 자유민의 입장에서 삽입당하는 것은 곧 피지배자가 된다는 의미였고, 이는 남성 시민으로서의 존엄을 침해받는 것이었다.

로마 황제 중에는 동성 애인을 둔 이가 많았다. 하드리아누스 황제Caesar Trâiânus Hadriânus(재위 117~138)와 그가 총애한 그리스 소년 안티누스Antinous의 사례가 대표적이다. 안티누스는 스무 살 때 사고로 사망했는데, 하드리아누스 황제는 비통해하면서 안티누스를 신으로 승격시키고 후대인의 경배를 받을 수 있게 했다. 안티누스의 사인을 두고 타살이라는 의심도 많았다. 안티누스는 열세 살 때 황제와 처음 만났다. 이후 세월이 흐르는 동안 소년은 동성애 관계에 적절하지 않은 나이로 성장했다. 이 때문에 안티누스는 죽을 수밖에 없었다는 것이다.[13] 이는 앞서 살펴본 고대 그리스 시대 동성애 관점을 반영한다. 즉, 남자가 성인이 되어서도 삽입당하는 자로 머무르게 되면 나라 전체 남성성에 해를 줄 수 있다. 동성애로 잘 알려진 또 다른 인물은 알렉산드로스 대왕Alexander the Great(재위 336~323 BC)이다. 그와 가까운 친구였던 헤파이스티온Hephaestion, 환관 바고아스Bagoas의 관계는 꽤 의미심장하다.

사실 로마 시민은 삽입당하는 자가 되는 것을 치욕으로 여겼다. 로마 장군이며 정치가인 카이사르Julius Caesar는 비티니아 왕 니코메데스 4세Nicomedes IV(재위 94~91, 89~74 BC)와 성관계가 있었다는 이유로 고발당한 적이 있다. 이때 카이사르가 삽입당하는 쪽으로 알려졌으며, 카이사르의 정적들은 비하의 의미를 담아 카이사르를 '비티니아 왕비'라고 불렀다.[14] 이것이 뜬소문인지 사실인지 명확히 밝혀지지는 않았다. 그러나 고대 로마 사회에서 피지배, 피동 등의 특성이 여성적인 것으로 인식되었으며,

존엄을 지닌 남성이라면 절대로 피지배자가 되어서는 안 된다고 생각했음을 알 수 있다. 로마 시대 일반적인 남성은 대체로 정치에 있어서는 선택의 여지가 없었다. 그렇지만 자신이 통제하는 성행위에 있어서는 반드시 지배자(삽입하는 자)가 되어야 했다.

고대 그리스 술잔(킬릭스), c. 435-430 BC, 블랜튼 미술관, 오스틴
고대 그리스 도기화 중에는 스승-제자 관계를 묘사한 예를 제법 찾아볼 수 있다.

고대 그리스 술잔(부분), c. 480 BC, 루브르 미술관, 파리
키스하고 있는 스승과 제자가 묘사되어 있다.

1 Brigid Kelleher, 'Acceptance Through Restriction: Male Homosexuality in Ancient Athens', Historical Perspectives, 16 (2011), 1-25: 5.

2 Thomas K. Hubbard, 'Athenian Pederasty and the Construction of Masculinity', in What is Masculinity, ed., John H. Arnold, Sean Brady (London: Palgrave Macmillan, 2011), 189-225.

3 Mirina Ficher, 'Sport Objects and Homosexuality in Ancient Greek Vase-Painting: the New Reading of Tampa Museum Vase 86.70', Nikephoros, 20 (2007), 165.

4 Thomas K. Hubbard, 'Athenian Pederasty and the Construction of Masculinity', 195-196.

5 Ibid., 198-190.

6 Ibid., 200-211.

7 W.R.M. Lamb, Plato: Lysis, Symposium, Gorgias, Loeb Classical Library (1975 reprint), 76.

8 Ibid., 212-214.

9 Brigid Kelleher, 'Acceptance Through Restriction: Male Homosexuality in Ancient Athens', 15-16.

10 Ibid., 16-17.

11 Ibid., 17.

12 Ibid., 20-22.

13 Abigal Hudson, 'Male Homosexuality in Ancient Rome', see 'University of Birmingham', last accessed on 4 June, 2021, https://blog.bham.ac.uk/historybham/lgbtqia-history-month-male-homosexuality-in-ancient-rome/

14 Ibid.

비르투스
: 로마인의 전유물인 미덕

고대 그리스 폴리스에서는 끊임없이 이어진 전쟁으로 인해 남성성 중에서도 용기와 전투 능력을 특히 강조했다. 이런 전통은 수많은 정복 전쟁에 나선 로마제국으로 이어졌다. 고대 로마의 역사는 흔히 세 시기, 즉 왕정·공화정·제국 시기로 구분한다. 고대 로마는 오랜 시간 이어지는 동안 그리스 문화에서 깊숙이 영향받은 것과 별도로 로마 고유의 남성성의 핵심 개념을 점차 발전시켜 나갔다.

　라틴어에서 '용기'를 의미하는 형용사는 다양하다. 그중 '아우다키아audacia'와 '아니마스animas'라는 단어를 보자. 라틴어 '아우다키아'는 오늘날 영어에서 '겁 없는, 모험할 용기가 있는'이라는 의미를 지닌 audacious의 어원이다. 로마 시대에는 어떤 사람이 앞뒤 따지지 않고, 혹은 깊이 생각하지 않고 나서는 용기가 있을 때 '아우다키아'라고 했다. 한편 '아니마스'는 한 사람이 전쟁터에서의 긴장으로 아드레날린이 분비되는 것과 같은 용기를 가리킨다. 그런데 이 두 단어가 표현하는 용기는 로마 남성의 남성성을 충분히 보여주지 못한다. 로마인이 생각하는 남성성의 핵심은 '비르투스virtus'였다. 비르투스는 '로마 남성 고유의 미덕'이라고 번역할 수 있다. 비르투스에서 어근 vir-는 라틴어에서 '남자'를 의미한다. 그러므로 비르투스는 '남성이 지닌 특질 혹은 적절한 행위'라는 뜻이다. 오늘날의 개념으로는 '진정한 남자다운 남자'라는 의미로 볼 수 있다. 고대 로마 남성이 마땅히 해야 하는 행위 또는 가져야 할 특질 가운데 첫손으로 꼽는 것은 전쟁터에서의 강한 힘과 용기였다.

비르투스는 로마 남성만이 지니는 남성성이라는 특별한 의미가 있었다. 여성이나 외국인, 노예는 비르투스를 가질 수 없었다. 이들은 그저 '호모homo(인간)'였다. 오로지 로마 남성에게만 있는 미덕을 갖추어야 비르투스라는 말이 어울렸다. 이를 통해 볼 때 비르투스는 성별(젠더) 색채를 가진 어휘임을 알 수 있다. 비르투스는 여성을 향해서는 거의 쓰이지 않는 말이었다. 한데 모든 로마 남성이 비르투스에 어울린다고 평가받은 것은 아니다. 로마 정치가이자 철학자인 키케로Cicero는 남성의 가장 큰 미덕은 용기이며, 용기로 인해 남성은 삶과 죽음을 이해하고 고통을 인내한다고 여겼다. 이러한 두 가지 이유 때문에 남성은 비르투스를 추구할 수 있고 혹은 비르투스를 추구해야 했다. 비르투스란 남성의 몸에서 파생되어 나온 것이기 때문이다.[1] 간단히 말해, 비르투스는 진정한 남성에게서만 나타나는 것이다.

키케로는 비르투스를 더할 나위 없는 최고의 가치로 여겨 다음과 같이 말했다.

비르투스는 로마인의 가장 독특한 휘장이다. 로마의 형제여, 그대에게 부탁하노니, 그대의 비르투스를 굳세게 유지하라. 이는 우리 선조가 물려준 것이다. 다른 것은 찰나에 사라지고 진실하지 않으며 쉽게 변한다. 오직 비르투스만이 견고히 존재하며 우리 마음속 깊이 뿌리내려 떠나지 않는다. 어떠한 폭력도 비르투스에 타격을 입히지 못한다. 비르투스가 있었기에 우리 선조는 이탈리아를 정복하고 카르타고를 약탈하며 누만티아를 제압하였다. 세상의 모든 강대한 왕국과 전사를 제국 앞에 무릎 꿇렸다.[2]

키케로는 비르투스를 단순한 용기로 보지 않았다. 그는 비르투스를 로마인과 외부인을 구분하는 중요한 특성으로 여겼다. 로마인이 하나의 민족인 것은 비르투스가 있기 때문이며, 비르투스 덕분에 위대한 제국을 세웠다는 것이다. 남성성은 용맹함뿐 아니라 민족과 계급 개념을 포함했다. 비르투스는 로마 민족의 우월성을 강조하는 데도 이용되었다. 로마인이 아닌 남자는 생물학적으로 남성이지만 로마 남성의 고귀함과는 거리가 멀었다. 따라서 남성성을 과시하더라도 로마 남성에 비해 열등하다고 여겨졌다.

로마인이 외국인이나 노예를 '남자vir'가 아닌 '사람homo'으로 불렀다고 해도 그들이 받아들인 유일한 예외가 있었다. 로마인은 신체적 고통을 특별히 잘 견뎌냈거나 일반 수준을 훨씬 뛰어넘는 용기를 보여준 남성에게는 그가 외국인이나 노예일지라도 비르투스가 있다고 표현해주었다. 그런데 비르투스 또는 용기라는 말은 자기를 스스로 지칭하며 사용할 수는 없었다. 일반적으로 누군가를 '용감하다', '용기 있다'라고 말할 때는 그가 대중 앞에서 다른 이는 누구도 해내지 못한 일을 성취했을 경우이기 때문이다. 즉, 용감하다는 것은 타인이 부여해줘야 하는 말이기에, 많은 사람 앞에서 자신의 용감함을 보여주고 검증받을 필요가 있었다.[3]

로마 시대 검투사가 좋은 예다. 검투사를 이르는 영어 단어 글래디에이터gladiator는 '검'을 의미하는 라틴어 '글라디우스gladius'에서 파생되었다. 검투는 에트루리아인 장례식 때 노예가 서로 검을 들고 격투하는 의식에서 비롯된 것으로 전해지며, 로마 공화정 및 로마제국 시기에 로마인이 열광하는 폭력적인 오락으로 자리 잡았다. 검투사는 노예나 외국인 또는 몰락하여 빚더미에 오른 귀족이 대부분이었다. 그들은 대중 앞에서 용맹스럽게 싸우며 격투 기술을 선보여 인기를 얻음으로써 인생 역전의 기회를 노렸다. 기원전 1세기 무렵 반란을 일으킨 스파르타쿠스Spartacus가 바로 유명한 검투사 노예였다.

전쟁과 비르투스

노예 출신 검투사든 시민으로 태어난 로마 남성이든 자신의 용기를 만방에 떨치는 가장 좋은 방식은 전쟁 혹은 공개 격투

검투사를 묘사한 로마 시대 모자이크

비비아노 코다치, 도메니코 가르줄로, 〈로마 황제 베스파시아누스의 개선식〉(부분),
1636-1638, 캔버스에 유채, 155×363cm, 프라도 미술관, 마드리드

였다. 전장에서 로마 보병은 주로 3열 방진을 구축했다. 첫 번째 열에 서는 청년 병사(하스타티Hastati), 두 번째 열에 서는 장년 병사(프린키페스Principes)는 적군과 전투하는 주력이었다. 세 번째 열은 나이가 많은 노병(트리아리이Triarii)으로 구성되었다. 아이오와 대학 역사학과 교수 네이선 로즌스타인Nathan Rosenstein은 전투에 나선 로마 병사에게 가장 중요한 것은 명령을 이행하는 것이라고 했다. 즉, 병사들은 제멋대로 싸워서는 안 된다. 전방에서 무슨 일이 벌어지든지 자기 위치를 지키며 상관의 명령에 따라야 했다.[4]

공화정 시기 로마는 징병제를 운영했기에 남성은 성인이 되면 의무적으로 군인이 되었다. 한편 전쟁을 통해 새로운 영토를 획득하고 지배권을 확장해 나감에 따라 무력을 숭상하는 분위기가 로마 사회를 장악했다. 로마 남성은 어릴 때부터 각종 무기 다루는 법을 배웠다. 현전하는 고고학 자료에 따르면 적잖은 로마 남성 시민의 무덤에서 투구와 갑옷이 출토되었다. 이들 투구와 갑옷은 국가가 배급한 것이 아니라 각자 준비한 것이다. 말하자면 로마 남성은 '시민 전사'로, 언제든지 나라를 위해 전쟁에 나갈 준비가 되어 있었다. 그러나 로마제국 시대에는 상황이 달라졌다. 많은 학자들은 로마제국 중후반부터 이민족 용병을 고용한 것이 직접 혹은 간접적으로 로마제국의 멸망을 이끌었다고 분석한다. 이러한 의견에 반론을 제시하는 학자들도 제법 있다. 그들은 로마제국에서 용병은 로마 군대 전체의 3분의 1에 지나지 않았다고 본다. 뉴욕시립대학 역사학과 교수 마일스 맥도널 Myles McDonnell은 남자들이 전쟁터에서 공적을 세우고 영예를 추구하도록 부추기는 경향을 로마 사회 곳곳에서 발견할 수 있다고 했다. 가장 대표적인 것이 전쟁에서의 승리를 기념하는 개선식이다. 로마인은 성대한 개선식을 개최해 승리하고 돌아온 병사들의 귀환을 축하했다. 병사들은 민중의 열렬한 박수갈채를 받으며 행진했고, 특별히 큰 공을 세운 이에게는 승리를 상징하는 훈장(가슴에 다는 표식)과 팔찌를 착용할 수 있는 권리가 주어졌다. 평상시에도 착용하는 훈장과 팔찌는 지위와 용맹함의 상징이었다. 또 병사들은 전쟁에서 획득한 전리품(작은 재물에서부터 드넓은 토지까지)을 소유할 수 있었다. 약탈하는 병사들에게 토지는 강력한 힘을 발휘했다. 그래서 로마 사회에서는 병사들이 전장에서 나라를 위해 최선을 다하도록 사기를 북돋우는 수단으로 토지를 활용했다. 즉 병사들은 나라를 지킨다는 명분을 쌓는 동시에 개인의 지위를 높이고 재산도 늘릴 수 있었다. 물질적 보상은 확실히 전쟁터에서 목숨 걸고 싸우게 할 만한 가치를 지니는 것이다. 그러나 그게 다가 아니었다. 더 깊은 곳에서 로마인을 움직이게 한 것은 나라를 위해 목숨을 바치는 병사의 신분을 숭배하고 전쟁터에 당당히 나가는 것이야말로 남성성을 최고로 과시하는 것이라고 여긴 문화였다. 바로 이러한 문화에서 추동력을 얻은 로마인은 끊임없이 영토를 확장해 나아가며 스스로를 다른 민족보다 우월하다고 여기게 되었다.[5]

통치자는 개인적 성공의 기회를 거머쥘 수 있음을 강조하며 병사를 독려하는 한편으로 '통제력 상실'을 우려했다. 전투에서 얼마나 용감하며 얼마나 뛰어난 기술을 가졌는지로 남성을 판단하는 것은 나라를 지키고 영토를 확장하는 데는 분명 유리하게 작용했다. 그러나 그 이면에 '지나친 남성성'의 문제가 도사리고 있었다. 앞서 고대 그리스에서도 살펴보았듯이, 남성성에 과하게 집착하는 분위기에서 병사들은 개인적 영예 추구에 몰두한 나머지 집단 전체의 이익을 내팽개치고 국가에 해를 입힐 수 있다. 이 때문에 전투에서 패배했다면 그나마 문제가 덜한 편이다. 그러나 지나치게 부풀려진 자만심과 무력이 국가 내부의 통치권을 위협한다면 어떻게 해야 할까? 고대 그리스 폴리스에서 비합법적 수단을 동원해 지배자가 된 참주僭主가 바로 그런 예가 아닐까? 이는 남성성이 지닌 치명적인 문제점이다. 따라서 병사의 용맹함을 최대한으로 발휘하게 하는 동시에 그들이 통치자의 지시를 따르도록 하는 것이 국가 운영방식을 유지하는 데 중요한 과제였다.

다시 말해, 남성성을 넘치지도 모자라지도 않게, 적절한 수준으로 제한할 필요가 있었다.

지나친 남성성을 억제하는 가장 간단한 방식은 '징벌'이다. 용맹함을 많은 사람들 앞에서 과시함으로써 인정받는 것과 마찬가지로 징벌 역시 대중 앞에서 집행되어야 했다. 오만함으로 가득한 남성성이 최대한 굴욕감을 맛보도록 사람들이 가득 모인 광장에서 잘못을 저지른 자를 채찍질하거나 직위를 강등하는 것이다. 이것은 남성 시민을 향한 경고, 각자의 위계와 본분을 지키라는 뜻을 담은 징벌이다. 자기 나이와 지위를 넘어서는 행동을 하면 안 된다고 일깨우는 것이다. 많은 경우 징벌은 권위가 작동하고 있음을 강력히 드러내는 핵심 조치였으며 패권에 도전하면 어떻게 되는지를 무자비하게 보여주는 행위였다. 널리 알려진 사례를 한번 보자. 반란을 일으킨 검투사 노예 스파르타쿠스는 어떻게 되었을까? 스파르타쿠스와 그를 추종해 함께 움직인 6천여 명은 모조리 십자가에 못 박힌 채 대중에게 공개되었다. 패권에 도전한 이들의 비참한 말로를 보여줌으로써 헛된 바람을 가지지 못하도록 한 것이다.

통치자의 관점

로마 통치자에게 위협이 되는 것은 노예 반란만이 아니었다. 나라를 지키는 병사 역시 통치자를 위협했다. 용맹함은 남성성의 핵심이지만 누구든지 지나치게 용맹함을 뽐내면 통치자는 위기를 맞이할 수 있었다. 따라서 지나친 남성성이 나라를 망치지 않도록 병사들이 개인적 성취보다 국가의 이익을 더 중요한 것으로 여기게 해야 했다. 이런 관점은 공화정 초기에 일어난 한 역사적 사건에서 시작되었다.

호라티우스 코클레스Horatius Cocles는 로마 공화정 시기의 젊은 장교였다. 그는 에트루리아와 전투가 벌어졌을 때 테베레강의 한 다리에서 혼자 적군을 막아냈다. 그 덕분에 후방의 로마 군대는 무사히 강을 건널 수 있었다. 호라티우스는 로마 군대가 다리를 건너간 후 다리를 무너뜨리고 자신은 적군과 강 건너에 남아 전사했다.[6]

호라티우스는 국가의 이익을 개인적 성취보다 가치 있게 여긴 좋은 사례였으니 국가가 나서서 남성성의 모범이라고 떠받들 만한 일이었다. 이후 로마 장교들은 '헌신(데보티오devotio)'이라는 힘을 가지게 되었다. 즉, 군대가 패배할 상황에 이르렀을 때 장교는 헌신의 방식으로 자기 목숨을 바칠 수 있었다. 이때 그는 여러 사람 앞에 스스로 나서서 자기 생명을 로마의 생명과 교환하기를 바란다는 것과 적군의 생명을 함께 데리고 저승으로 가겠다는 것을 맹세해야 했다. 그러고 나서 장교는 말을 타고 홀로 적군 진영으로 돌격함으로써 자기 죽음과 로마의 영광을 맞바꾸었다. 이런 '헌신'의 필수조건은 맹세를 한 자가 반드시 죽어야 한다는 것이었다. 그렇다고 자기를 희생한 장교가 장례의식에서 특별한 예우를 받는 것도, 사후에 직급이 오르거나 봉작을 받는 것도 아니었다. 희생자가 다행히(혹은 불행히) 살아남을 경우, 그는 장교로 복무할 권리를 박탈당했다. 다시 말해 그는 더 이상 군대를 이끌 수 없었다.[7]

국가를 위해 자기를 헌신하기로 한 장교는 반드시 죽어야 했다. 죽은 장교는 통치자를 위협할 수 없기 때문이었다. 통치자는 용맹함, 국가의 영광 등을 남성성의 표준으로 삼아 남성이 나라를 위해 기꺼이 목숨을 바치도록 활용했다. 동시에 두려움 없이 전장에서 활약하고 돌아온 남성이 훗날 위협적인 존재가 될 수 있음을 두려워했다. 이러한 통치자의 고뇌가 반영된 '헌신'은 남성성이 과도해지지 않도록 제한하는 장치였다. 그렇다면 헌신이 현실적인 효과를 거두었을까? 사실상 로마 공화정 기간 동안 로마 장교가 스스로를 희생한 일은 단 두 차례 있었을 뿐이다.[8]

용맹함에서 자제력까지

고대 로마의 남성성은 그리스 폴리스의 남성성과는 달랐다. 영토 확장에 전력을 기울이던 로마에서 남성성은 민족주의 토대 위에 확립되었다. 다시 말해 로마인이 중요시하던 '비르투스' 개념은 로마 남성이 그 외 다른 남성과는 다른 지위를 가진다고 여기게 했다. 비르투스는 로마인으로서의 혈통을 강조했고, 이에 더해 용맹함과 전쟁에서의 공적에 중요한 가치를 부여함으로써 로마인은 대제국을 건설할 수 있었다. 공화정 말기에 이르러 비르투스는 신중함prudentia, 정의로움iustitia, 자제력temperantia, 용기 또는 역량fortitudo 등을 포함하며 그 의미가 확대된다. 한 남성으로 인정받는 기준은 점점 더 엄격해졌다. 동시에 이러한 요구가 서로 모순된다는 사실이 드러났다. 용맹함을 과시하는 가운데 신중함이나 자제력을 유지하기란 쉽지 않은 일이다. 이런 점에서 볼 때 남성성의 가장 큰 문제점은 통제력을 상실했을 때 사회나 국가에 해를 끼칠 가능성이 있다는 사실이었다. 이는 그리스 시대부터 끊임없이 제기되어 온 우려다. 『일리아스』에서 보여준 혈기 방장함이 그랬듯, 카이사르의 『갈리아 전기Commentarii de Bello Gallico』에서도 병사가 갖춰야 할 핵심 가치는 비르투스이며 이것이 승리의 중요한 요소라고 했다. 카이사르는 게르만족의 비르투스는 용맹하기만 할 뿐 신중함이 부족하다recklessness고 보았다. 한마디로 말해, 싸움은 잘하지만 머리를 쓰지 않는다는 것이다. 이런 용기는 전쟁터에서 함정에 빠지기 쉽다. 한편 카이사르는 로마 병사를 두고, 용맹함만 믿고 무모하게 행동하는 것은 로마인의 비르투스를 약하게 만들 뿐이라고 했다. 기원전 52년에 벌어진 게르고비아 전투에서 카이사르 수하의 몇몇 병사가 그의 충고를 듣지 않고 공격을 감행해 커다란 대가를 치른 일이 있었다. 이를 두고 카이사르는 비르투스가 눈을 가려서 용기만 있으면 무조건 게르만족 마을을 함락할 수 있다고 병사들이 믿었기 때문에 벌어진 일이라고 했다. 병사들은 자만심에 사로잡혀 자신들이 지휘관보다 더 많이 안다고 생각해 자제력을 잃었던 것이다. 카이사르는 자제력이 사실상 용기만큼이나 중요하다고 생각했다.[9]

자제력의 중요성과 관련해, 알렉산드로스 대왕을 다룬 기록

또한 살펴볼 만하다. 1세기 무렵 활동한 그리스 철학자 플루타르코스Ploútarchos는 알렉산드로스 대왕을 젊은 시절부터 상당한 자제력을 갖춘 이로 묘사했다. 그는 음식, 향락, 수면, 성애 등을 탐닉하지 않았으며, 특히 성행위에 있어서 스스로 '수치스럽다'고 여긴 것은 극도로 회피했다고 한다. 예를 들어 삽입당하는 자의 위치에 놓이거나 여성 포로를 강간하는 행위 등이 이에 해당했다. 플루타르코스 기록에 따르면, 알렉산드로스 대왕이 페르시아제국 다리우스 3세Darius III(재위 336~330 BC)와의 전쟁에서 승리한 후 다리우스 3세의 아내와 딸은 전쟁포로가 되었다. 다리우스 3세의 아내는 당대 최고 미인으로, 그 미모에 매혹되지 않을 남성은 없는 것으로 명성이 자자했다. 이에 알렉산드로스 대왕은 유혹에 굴복하지 않고자 다리우스 3세의 아내와 절대 만나지 않았다고 한다.[10]

이러한 알렉산드로스 대왕의 태도는 호메로스가 서사시에서 표현하는 영웅의 모습과 큰 차이를 보인다. 서사시 속 영웅들은 여성을 정복하는 것을 남성성의 과시로 여겼다. 반면 알렉산드로스 대왕은 욕망을 통제함으로써 남성의 강인함과 의지력을 보여주었다. 어쩌면 자제력이란 위대한 지도자가 갖추어야 할 특징이 아닐까? 카이사르와 알렉산드로스 대왕 모두 자제력의 중요성을 강조했으니 말이다. 동시에 당시 사람들이 무작정 남성성을 찬양한 것이 아니라 남성성을 향해 우려의 시각을 가지고 있었다는 것을 알 수 있다. 이로써 남성성과 관련해 점점 더 많은 제한과 기준이 생겨났다. 용맹해야 하면서도 자제력을 잃어서는 안 되었다. 이는 이어지는 내용에서도 계속 강조될 것이다.

1 Myles McDonnell, Roman Manliness: Virtus and The Roman Republic (Cambridge University Press, 2006), 12-15.

2 'virtus usually wards off a cruel and dishonourable death, and virtus is the badge of Roman race and breed. Cling fast to it, I beg you men of Rome, as a heritage your ancestors bequeathed to you. All else is false and doubtful, ephemeral and changeful: only virtus stands firmly fixed, its roots run deep, it can never be shaken by any violence, never moved from its place. With this virtus your ancestors conquered all Italy first, and razed Carthage, overthrew Numantia, brought the most powerful kings and most warlike peoples under the sway of this empire.' Philippics, 4, 13. See Ibid.

3 Ibid., 12-15.

4 Nathan Stewart Rosenstein, Rome at war : farms, families, and death in the Middle Republic (North Carolina Press, 2004).

5 McDonnell, Roman Manliness: Virtus and The Roman Republic, 3.

6 Ibid., 199-200.

7 Ibid., 200-203.

8 Ibid.

9 Ibid., 303-304.

10 Carney, Elizabeth Donnelley, 'Women and Masculinity in the Life of Alexander', Illinois Classical Studies, 44. 1 (2019), 141-155.

8세기 ~ 11세기

바이킹 전사
: 세계 종말 전쟁을 위해 살다

최근 할리우드 영화나 드라마 등에서 묘사한 바이킹 문화 때문에 오늘날 대중은 바이킹을 야만적이고 피를 좋아하며 용맹하고 건장한 몸집에 전투에 능한 민족으로 여긴다. 이런 바이킹 이미지와 현대인이 상상하는 고대 남성성은 딱 들어맞는 듯 보인다. 영화, 드라마에서 그려지는 바이킹 남성의 판에 박은 듯한 모습을 설명하려면 바이킹의 문화와 역사에서 시작해야 한다.

이름만 들어도 간담이 서늘해지는 바이킹

바이킹Vikings은 '약탈 혹은 교역에 능한 북방민족'이라는 뜻이며 오늘날의 덴마크, 노르웨이, 스웨덴 지역에 살고 있는 민족을 포함한다. 고대 노르드어로 Víkingr은 '해상 전사', víking은 '해상 탐험'이라는 뜻이다. 바이킹은 각지에서 서로 다른 이름으로 불렸다. 프랑크왕국에서는 '노르만인Normannir' 혹은 '데인인Danes'이라 불렸는데, 모두 '북쪽에서 온 사람'이란 뜻이다. 브리튼섬의 앵글로색슨인도 바이킹을 '데인인'이라고 했으며 아일랜드에서는 '이교도'라는 뜻의 '파가니Pagani'라고 불렀다. 유럽 각지에서 바이킹을 부르는 이름을 보면 북쪽에서 왔으며 우리와는 다른 사람이라고 여긴 것을 알 수 있다. 앵글로색슨인에게 바이킹은 심각한 위협 요소였다. 그들은 시시때때 브리튼섬에 와서 토지와 재물을 강탈해갔는데, 그 기세가 몹시 거칠어 감히 상대할 수 없을 정도였다. 당시 잉글랜드를 통치하던 애덜레드 2세 Aethelred II(재위 978~1013)는 바이킹과의 전투에 사용하기 위한 세금 '데인겔드Danegeld'를 따로 걷을 정도였다.[1]

잉글랜드 주민에게 북쪽에서 온 데인인은 공포의 대상이었다. 중국 역사에서 중원을 차지한 민족과 북방 유목민족의 관계와 비슷했다. 같은 체제에 속하지 않은 데다 강한 무력을 지닌 이민족이 툭하면 쳐들어와 마을을 약탈하니 두려울 수밖에 없다. 하지만 바이킹에게 약탈은 사실상 '겸직' 같은 것이었다. 평소에는 그들도 농사를 짓고 주변 국가와 교역해서 먹고살았다. 주요 수출 품목은 모피, 호박琥珀, 철, 목재 등이었으며 교역으로 들여온 것은 금, 은, 비단, 향료 등이었다. 그러나 흉년이 들거나 교역이 원활하지 않아 생계를 이어가기가 힘들어지면 바이킹은 바다로 나가 주변 지역을 약탈했다. 바이킹은 왜 8세기에서 11세기까지 유럽 대륙 및 브리튼섬에서 약탈을 지속했을까? 이 질문의 답으로 지금까지 여러 학설이 제기되어 왔다. 주로 언급되는 원인은 다음과 같다. 우선, 스칸디나비아반도 토지가 식량 재배에 적합하지 않아 생산량이 부족했다. 그리고 그들의 종교에서는 전쟁이 숭배되었다. 나아가 바이킹은 뛰어난 항해술을 보유하고 있었다.

루이스 체스맨, 12세기, 스코틀랜드 국립박물관, 에든버러
루이스 체스맨은 중세 잉글랜드와 스칸디나비아반도의 문화를
대변하는 중요한 유물로, 노르웨이에서 바다표범 상아 혹은 고래 뼈를
조각해서 제작되었다고 전해진다.

루이스 체스맨 중 '미치광이 전사' 베르세르크

각 부족의 영주 및 왕족은 약탈해온 보물과 돈을 적절히 분배했다.[2]

바이킹은 고도로 군사화된 사회 체계를 갖추었다. 이는 바이킹 무덤에서 부장품으로 무기류가 대량 출토되는 것으로 확인할 수 있다. 지금까지 발견된 바이킹 무덤은 모두 남성 무덤으로, 어디서나 칼, 투구, 창 같은 무기가 나왔다. 성인이 되기 전에 사망한 남자아이 무덤에서는 실제 무기보다 작게 제작된 장난감 무기나 연습용 무기가 출토되었고, 부족의 원로나 족장처럼 지위가 높은 남자일수록 부장품 무기의 수량이 많다. 바이킹은 전투를 할 때 대체로 투구를 쓰고 손에는 칼이나 창을 들며 원형 방패로 방어했다. 특이한 점은, 현대인이 흔히 생각하는 것처럼 사슬갑옷을 입은 중세 병사와 달리 바이킹은 몸을 보호하는 용도의 갑옷류를 거의 착용하지 않았다는 것이다. 바이킹의 방어 장비는 갑옷이 아니라 방패였다.[3]

이런 모습으로 전투에 나선 바이킹은 다른 민족의 눈에 대담하거나 정신 나간 것으로 보였다. '미치광이 전사'를 일컫던 '베르세르크berserkir'라는 말은 바이킹의 용맹하고 두려움을 모르는 이미지를 확고히 자리 잡게 했다. '베르세르크'는 '곰 전사Bear Warriors'라고도 불렸는데, 이들이 동물 가죽을 뒤집어쓰고 전투에 나섰기 때문이었다. '베르세르크'라는 단어 자체가 '곰 가죽상의'라는 뜻으로, 이는 상체를 거의 벗고 있는 것, 다시 말해 갑옷을 입지 않은 상태로 싸우는 것이다. 그들은 짐승처럼 포효하며 돌격하고 자기 몸을 방어할 생각 없이 싸웠다. 또 작전을 행하기 전에 자기 방패를 물어뜯으며 승리를 다짐했다. 북유럽의 영웅적 주인공 이야기와 무용담으로 이루어진 '사가saga'에는 통제할 수 없는 격노에 휩싸여 미친 듯이 싸우는 전사 이야기를 흔히 찾아볼 수 있다.[4] 전쟁이 일상적으로 벌어진 중세에는 이런 용맹함을 남성성의 최고 경지로 여겼다. 전쟁터에서 용맹함을 떨치는 것을 남성성 판단 기준 가운데 으뜸으로 쳤다면 바이킹의 용맹함은 남성성의 극치마저 넘어선 '광기' 수준에 있었다.

신앙의 차이부터 약탈 풍습까지, 그리스도교도에게 바이킹은 미치광이에다 두려워할 수밖에 없는 존재였다. 그러나 바이킹의 용맹함은 그들이 숭배하는 종교적 믿음에서 나온 것이다. 다시 말해 바이킹의 남성성은 그들의 신앙에 기반하고 있다. 바이킹 남성성의 특징을 한마디로 정의하면, '발홀Valhöll에 들어가는 것을 목표로 하는 용맹함'이다.

죽음을 영광으로 여기는 남성성: 발홀

북유럽 신화는 오딘, 로키, 토르, 헤임달 등 여러 신의 이야기이자 J. R. R. 톨킨의 3부작 『반지의 제왕The Lord of the Rings』 세계관의 원형이기도 하다. 북유럽 신화에서 우주는 하나의 거대한 나무다. 이 세계수世界樹(위그드라실Yggdrasil)의 가지는 세 부분, 즉 신의 세계, 인간 세계, 지하 세계로 뻗어 있다. '발홀'은 신의 세계에 위치하며, 최고 신 오딘을 섬기는 전투 여신 발키리 Valkyrjur가 전투에서 영예롭게 죽은 인간을 인도해 와서 대접하는 곳이다. 북유럽 신화의 예언에 따르면, 세계 종말을 불러오는 전쟁 라그나뢰크Ragnarök로 세계를 주재하던 신족이 멸망한다. 그래서 모든 신의 아버지 오딘이 각종 방안을 마련해 집결시킨 용맹한 전사가 라그나뢰크에서 신들을 위해 싸운다. 여러 신과 전투 여신이 인간 중에서 뛰어난 전사를 선택해 그들이 인간 세계 전쟁에서 죽음을 맞이하면 그 영혼을 '발홀'이라는 전당으로 불러올린다. 선택받은 전사는 발홀에서 끊임없이 전투를 하며 무예를 갈고닦는다. 발홀에서는 전투 중에 죽더라도 해가 지면 다시 부활한다. 그렇게 세계 종말 전쟁이 시작될 때까지 살아가는 것이다.[5] 이러한 세계관을 믿고 따르는 바이킹 남성이 병이나 사고로 죽는 것은 명예롭지 못한 죽음이었다. 전쟁터에서 싸우다 죽는 것이 가장 고귀한 죽음이자 남성의 용맹함을 뽐내는 일이었다. 그래야 전투 여신 발키리에게 선택되어 발홀에 들어갈 수 있기 때문이다. 바이킹이 전투에서 두려움 없이 돌진하게 하는 원동력이 무엇인지는 이처럼 그들의 신화에 잘 나타나 있다. 바이킹에게 죽음은 두려운 일이 아니었다. 죽음은 남성으로서 영원한 생명과 영예를 얻는 길이었다.

바이킹은 '명예'를 최고의 가치로 여겼다. 바이킹어로 명예는 drengskapr다. 13세기 아이슬란드 역사가이자 시인 스노리 스튀

르틀뤼손Snorri Sturluson은 용감한 남성은 매우 큰 영향력을 지니기에 '용감한 남성'은 곧 '명예로운 남성', drengr라고 했다. 명예의 핵심이 바로 용감함이라는 것이다. 인디애나대학의 로런 괴팅Lauren Goetting은 아이슬란드 시를 분석하여 drengr가 바이킹 문화에서 '용감한 젊은이' 또는 '젊은 전사'를 가리키는 말이며 나이가 든 남성에게는 쓰지 않는 단어라는 것을 밝혔다. 따라서 drengr가 대표하는 이미지는 국왕 혹은 영주를 위해 싸우는 용감하고 충성스러운 젊은이다. 괴팅은 많은 시에서 drengr를 어근으로 하여 '몹시 용감하다'라는 뜻을 의미하는 파생어를 찾아냈다. drangila, drangliga, fulldrangila 등이 모두 '용감함'을 의미한다고 한다.[6]

남성이라면 자신과 가족의 명예를 반드시 지켜야 했다. 이는 북유럽의 '사가'가 주로 복수를 이야기하는 이유이기도 하다. 가족의 명예를 위협하거나 침범한 이에게는 무조건 복수해야 했으며, 가족의 명예를 지키지 못한 자는 남성으로서 인정받지 못했다. 13세기 아이슬란드에서 쓰인 『볼숭 일족의 사가Völsunga saga』를 예로 들어보자. 남자 주인공 시그문드와 그의 아들 신표틀리는 멸문 당한 집안의 복수를 하러 힘든 여정을 떠난다. 신표틀리는 험난한 시련을 통과해야 한다. 어머니 시그뉘는 옷을 신표틀리의 몸에 꿰매어 입히는 데 이는 아들의 인내력을 시험하기 위함이다. 또 뱀을 밀가루 반죽 안에 넣어 맹수를 처리하는 아들의 능력을 시험한다. 신표틀리가 여러 가지 시험을 통과하면 시그뉘는 기뻐하면서 아들이 가족의 명예를 지킬 수 있는 어른이 되었다고 말한다. 신표틀리는 죽은 뒤 오딘의 부름을 받아 발홀에 들어간다. 복수를 주제로 한 이야기는 대부분 폭력적인 내용을 담고 있다. 이런 폭력은 남성의 용맹함을 보여주는 이야기로 그려진다. 그뿐 아니라 남성의 용맹함은 반드시 태어날 때부터 가지고 있어야 한다. 북유럽 '사가'에 등장하는 영웅은 어려서부터 특별한 용기를 보여준다. 『검은 할프단Halfdanr Svarti』에는 주인공 할프단이 열 살 때 혼자서 베르세르크를 죽였다는 이야기가 나온다.[7] 바이킹은 남성의 타고난 용맹함을 무엇보다 추앙했다. 호메로스 서사시의 '혈기 방장함'이나 '타고난 용기'를 떠올리게 하는 부분이다. 영웅의 용기는 훈련으로 만들어지는 것이 아니라 원래부터 타고난 것이어야 했다.

용맹함 외에도 남성에게 요구된 것이 있다. 호메로스 서사시에서 혈기 방장함을 비판했듯이, 〈높으신 분이 말하기를Hávamál〉이라는 시에서는 남성의 용기를 강조하면서 동시에 냉정하고 침착해야 한다고도 말한다. 부주의로 목숨을 잃는 것은 쓸모없는 용맹함이라고 보았다. 왜냐하면 죽은 사람은 전투에 나갈 수 없기 때문이다. 이 시는 용감하게 돌진하는 것과 더불어 침착하게 지혜를 활용하는 것을 남성성의 기준으로 삼아야 한다고 말한다.[8]

발홀, 명예, 용맹함 등은 오로지 남성을 위한 단어였다. 여성에게는 이런 단어를 사용할 수 없었다. 한편 남성은 '여성화'되는 것을 두려워했는데, 이는 바이킹 사회에서 남녀 구분이 꽤나 확실했음을 알려준다. 사실 전체 역사를 둘러봤을 때 어느 시대든지 남성은 자신이 여성화되는 것을 불안해했다. 즉, 충분히 남자답지 못할까 봐 두려워했다. 바이킹 문화에서도 똑같았다. 바이킹 신화와 전설에서 명예로운 남성은 마법을 쓰지 않는다. 마법을 부리는 것은 여성이었는데, 여성은 충분히 강하지 못하기 때문에 마법 같은 보조 수단을 빌려야 한다고 생각했기 때문이다. 오딘이 마법을 사용하자 로키가 '남자도 아니다'라면서 조롱해댔다. 진정한 남성, 남자다운 남성은 격투에서 피를 흘려가며 목적을 성취해야 했다. 여성화를 두려워하는 남자들의 심리는 법률에도 반영되었다. 중세 아이슬란드 법전 『그라가스Grágás II』 제155조 제69항에는 남자가 여장하는 것을 명시적으로 금지해놓았다.[9]

삽입하는 자와 삽입당하는 자

그렇다면 바이킹은 동성애를 어떻게 생각했을까? '여성화'의 상징으로 보았을까? 앞서 고대 그리스·로마 시대 남성성을 살펴보면서 스승-제자 관계에서 동성애 행위는 남성 간 순수하고 고귀한 사랑으로 여겨졌다고 언급했다. 북유럽에서도 동성애 행위는 범죄가 아니었다. 그런데 중세 노르웨이에서는 명문화된 조항으로 이를 금지했다. 바이킹은 고대 그리스·로마인이 그랬듯이 동성애와 이성애를 명확히 구분한 것은 아니었다. 바이킹에게 성행위는 오로지 삽입하는 자와 삽입당하는 자로 나뉘었기 때문이다. 자기 음경을 타인에게 삽입하는 자는 지배자이며 남성성을 갖춘 것으로 보았다. 삽입당하는 자는 '여성적effeminate'이다. 삽입당하는 쪽이 여성이라면 여성적인 것이 문제되지 않는다. 그런데 삽입당하는 쪽이 남자라면 '여성적'이라는 꼬리표가 붙는 일이 된다. 바이킹 남성에게 이런 꼬리표는 남성성을 부정당하는 것이었다. 바이킹은 약탈로 생계를 이어가곤 했으며 전쟁 포로를 노예로 삼았다. 노예가 남성일 경우 바이킹은 강간의 방식으로 그를 삽입당하는 자, 즉 피지배자로 만들었다. 이런 행위는 노예의 남성성을 약화시키거나 아예 없애기 위한 것이었다.[10]

삽입당하는 자가 될지 모른다는 불안과 공포는 덴마크에 있는 글라벤드루프 스톤Glavendrup stone에도 새겨져 있다. 10세기 초의 것으로 추정되는 이 돌에는 룬 문자가 가득 적혀 있는데, 그중 이런 내용이 있다. "이 기념비를 훼손하거나 옮기려는 자는 강간당하리라."[11]

삽입당하는 자가 된다는 것은 남성으로서의 지위를 잃는 것과 같았다. 따라서 남성성을 갖추기 위해 남성은 사회에서 요구하는 기준에 자신을 맞추려고 노력했다. 다시 말해 남성은 무조건 삽입하는 자가 되어야 했다. 삽입하는 자가 된다는 것은 성적 지배권을 행사할 수 있어야 한다는 것을 의미한다. 남성은 여성을 상대할 때 성적 지배력을 가장 확실히 보여줄 수 있다. 그런데 모든 남자가 태어나면서부터 성적으로 지배자가 되려면 어떻게 해야 하는지를 알고 있는 게 아니라는 문제가 있다. 즉, 성행위는 사실 '학습'이 필요했다. 그래서 고대 그리스에서는 스승-제자 관계에서 성행위를 가르친 것이다. 그렇다면 바이킹인은 어땠을까?

트롤 여자에게 배우는 성행위

중세 문학 전문가 매슈 로비Matthew Roby는 이 부분에서 재미있는 관찰 결과를 내놓았다. 북유럽의 여러 전설에서 영웅적인 남자 주인공이 '트롤 여자'와 사랑을 나누는 이야기가 나온다는 것이다. 트롤은 인간이 아니다. 따라서 영웅이 마지막으로 결혼하는 대상이 될 수 없다. 그러나 전설 속에서 트롤 여자는 영웅이 모험을 겪는 과정에서 짧게 만나지만 마음 깊이 새겨지는 연인으로 그려진다. 트롤 여자와 헤어진 후 영웅은 자신과 걸맞은 신분을 가진 인간 여자와 결혼하지만 말이다.[12]

트롤 여자는 왜 비슷한 설정으로 서로 다른 여러 전설 속에 등장할까?

매슈 로비의 분석에 따르면, 트롤 여자는 젊은 남자를 삽입하는 자이자 지배자가 되도록 가르치는 역할을 맡는다. 13세기 후반 아이슬란드에서 쓰인 『오르바르오드 사가Örvar-Odds Saga』를 살펴보자. 남자 주인공 오르바르오드가 트롤 여자 힐디군느를 만

낳을 때 힐디군느의 아버지는 딸에게 오르바르오드와 성행위를 해야 한다는 암시를 준다. 이야기는 두 사람이 침대 위에서 티격태격하는 것으로 전개된다. 처음에는 주도권을 잡지 못하고 쩔쩔매던 오르바르오드가 점차 성행위를 주도하는 쪽으로 바뀐다. 그리고 오르바르오드가 힐디군느를 상대로 발기함으로써 한 소년이 한 남자가 되었다. 매슈 로비는 『샬네신가 사가Kjalnesinga Saga』, 『할프다나 사가Hálfdanar Saga Brönufóstra』, 『케틸스 사가Ketils Saga Haengs』 등 세 종류 사가를 분석하여 비슷한 이야기 흐름을 찾아냈다. 『할프다나 사가』에서는 트롤 여자 브라나가 "나는 국왕의 아들을 낳고 싶다"고 직접적으로 언급한다. 브라나는 영웅적 주인공 할프다나와 잠자리를 하고 싶다는 뜻을 이렇게 돌려서 표현한 것이다. 처음에 영웅은 망설이거나 어찌할 바를 모르지만 마지막에 가서는 트롤 여자와의 '놀이'에서 지배적이고 주도적인 위치를 차지한다. 이러한 과정에서 주인공은 지배자가 되는 방법을 배우는 것이다.[13]

트롤 여자는 일종의 은유다. 역사적 관점에서 볼 때 이는 바이킹 남성이 결혼 전 정부情婦를 둔 것의 정당성을 제공한다.[14] 남성은 자기보다 성숙한 여성에게서 합격점을 받는 삽입하는 자가 되기 위한 수업을 받았다. 그래야 사회가 요구하는 남성 기준에 도달하기 때문이다. 이런 역할은 정부가 담당하는 것이 딱 좋았다. 남성이 성행위에 적극적이지 않거나 주도적인 위치를 차지하지 못하는 것은 남성성이 부족하다는 의미였다. 따라서 정부에게 수업을 받으면 나중에 결혼생활에서 여성을 지배할 수 있고 남성성을 갖출 수 있다고 보았다. 정부는 대개 지위가 낮은 여성이었기에 사가에서 트롤 여자는 초라한 농장에서 가난하게 살아가는 것으로 그려진다.

그런데 사가에서는 왜 정부를 트롤 여자로 은유해서 표현했을까? 왜 지위가 낮은 인간 여자로 그리지 않았을까?

매슈 로비는 젊은 남성이 경험 부족으로 성행위에서 수동적이거나 배움이 필요할 때 트롤 여자라는 인간이 아닌 존재의 도움을 받는 것이 남성의 존엄과 남성성을 덜 해치기 때문이라고 분석한다. 트롤 여자는 현실세계에 없는 초자연적 존재다. 그러니 트롤 여자가 '주도적 역할'을 맡았더라도 주인공의 남성성을 특별히 떨어뜨리지 않는다고 여긴 것이다. 사가 속 트롤 여자는 성적으로 성숙할 뿐 아니라 정신적으로도 성숙했다. 트롤 여자는 전부 마음이 대단히 관대한 것으로 표현된다. 남자 주인공이 신분 높은 인간 여자와 결혼하는 것에 아무런 불만이 없다. 왜냐하면 그것이 주인공의 운명이기 때문이다.[15] 이런 분석은 수많은 신화와 전설에서 여성이 신神이 변신한 괴수나 동물과 성행위를 하고 신의 아들을 낳는 이야기를 떠올리게 한다. 왜 남성 신은 동물로 변해야 했을까? 신의 모습으로 인간 여성(대체로 한 나라의 왕비)과 관계하여 아이를 낳을 수는 없었을까? 매슈 로비의 분석을 바탕으로 추론해보자. 신화나 전설 속에서는 신이 아닌 평범한 남성의 존엄도 훼손해서는 안 된다. 남성 신이 인간 남성의 모습으로 나타나서 누군가의 아내인 여성과 잠자리를 한다면, 그 남편 입장에서는 아내의 간통으로 자기 남성성을 잃어버리게 된다. 따라서 남성 신은 동물로 변신한 채 나타나서 왕비와의 사이에 신의 아들을 낳는다. 그러면 왕비의 남편의 존엄에는 아무 문제도 없다.

영웅과 트롤 여자의 이야기는 바이킹 남성이 결혼 전 정부를 두는 문화에 대한 좋은 핑계가 되었을지도 모른다. 하지만 바이킹이 점차 그리스도교로 개종하면서 정부를 두는 풍습은 금지되었다. 그렇다면 여성과 성애와 관련해, 중세 그리스도교 세계에서는 어떤 이론으로 남성성을 확립했을까?

1   Eric Chirstiansen, The Norsemen in the Viking Age (Blackwell, 2002), 1-3.

2   Ibid., 1-10.

3   D.M. Hadley. 'Warriors, Heros and Companions: negotiating masculinity in Viking-Age England,' in Crawford S and Hamerow eds., Anglo-Saxon Studies in Archaeology and History (Oxford University School of Archaeology), 270-284.

4   캐롤라인 라링턴Carolyne Larrington, 관신웨管昕의 옮김, 『얼음과 불의 북유럽 신화冰與火之北歐神話』(타이베이: 대안문화 人應文化, 2020), 198-200.

5   Ibid., 205-231.

6   Lauren Goetting, "'þegn' and 'drengr' in the Viking Age,' Scandinavian Studies, 78.4 (2006), 375-404.

7   캐롤라인 라링턴, 관신웨 옮김, 『얼음과 불의 북유럽 신화』, 145-152.

8   Making of A Man: The Hegemonic Masculinity of the Viking Age (Dissertation of MLitt in Archaeology at the University of Glasgow, 2012), 32-33.

9   Ibid., 24.

10 Kari Ellen Gade, 'Homosexuality and Rape of Males in Old Norse Law and Literature,' Scandinavian Studies, 58.2, 124-141.

11 Ibid.

12 Matthew Roby, 'The Licit Love Visit: Masculine Sexual Maturation and the "Temporary Troll Lover" Trope', in Masculinities in Old Norse Literature, ed., Gareth Lloyd Evans and Jessica Clare Hancock (Boydell & Brewer, 2020), 37-58.

13 Ibid.

14 Ben Raffield, Neil Price, and Mark Collard, 'Polygyny, Concubinage, and the Social Lives of Women in Viking-Age Scandinavia,' Viking and Medieval Scandinavia, 13 (2017), 165-209.

15 Roby, 'The Licit Love Visit: Masculine Sexual Maturation and the 'Temporary Troll Lover' Trope', 37-58.

성이 없는 남성성

: 중세 성직자의 '진정한 남성' 이론

중세는 그리스도교, 이슬람교, 유대교, 그 밖의 종교의 영향력이 큰 시기였다. 앞장에서 바이킹이 북유럽의 여러 신을 버리고 점차 그리스도교로 개종했음을 말했다. 이처럼 그리스도교 역량은 갈수록 강력해졌다.[1] 이 시대 사회에는 세 종류 사람만 있었다. 기도하는 자oratores, 싸우는 자bellatores, 노동하는 자laboratores.

기도하는 자는 다시 크게 두 부류로 나뉜다. 사제priests와 수도승monks. 사제와 수도승은 모두 신을 섬기는 일을 하지만 생활상은 크게 달랐다. 수도승은 정결 맹세를 하여 결혼할 수 없었을 뿐만 아니라 모든 세속적인 일에 관여할 수 없었다. 조용히 수도원에서 생활해야 했다. 사제는 일반 민중과 섞여 생활하면서 교회의 세속적 업무를 담당했다. 결혼도 할 수 있었다. 그들의 책임은 양 떼를 돌보는 목동처럼 세속에서 길 잃은 양을 계도하는 것이었다.[2]

중세 남성의 위기의식

11세기 교황 그레고리우스 7세Pope Gregorius VII(재위 1073~1085)

는 교회 개혁을 단행하며 사제의 결혼을 금지하고 사제는 주교를 위해 정결해야 한다는 규정을 세웠다. 이 책의 프롤로그에서 남성성의 가장 중요한 세 가지 요소를 여성에 대한 성적 지배권, 군사 업무 장악, 정치 권력이라고 언급한 바 있다. 성행위 권리를 박탈당한 사제는 삶의 여러 방면에서 전면적으로 거세된 셈이었다. 스스로 원해서 정절을 지키는 수도승과 달리 사제는 성생활을 누리며 성적인 면에서 남성성을 증명하고 자신이 남성이라는 사실을 되새겨왔다. 사제는 기도하는 자로, 칼을 들고 싸울 권리를 박탈당한 이였다. 전쟁에 나가는 것은 가장 원시적인, 고대 그리스 시대 이래로 무엇보다 중요하게 여겨진 남성성 증명이었다. 그런데 교회 개혁 이후 성행위마저 금지되어 사제는 여성을 향한 지배권도 행사할 수 없게 되었다. 이렇게 되자 사제는 성별 구분이 모호해졌다고 느꼈다.[3]

여성과 성행위를 하지 못하게 되고 나서 사제는 어떻게 스스로를 남성으로 정의할 수 있었을까?

미국 역사가 조 앤 맥나마라Jo Ann McNamara가 이 질문을 파고들었다. 그는 11~12세기에 행해진 교회 개혁 이후 생겨난 '남성성 위기Herrenfrage, the question of men'를 언급하면서 사제가 이를 해결하기 위해 어떤 관점을 도입했는지 살펴보았다. 사제는 자신을 세속의 남성보다 더 남성성을 갖춘 진짜 남성으로 해석하고 성인지 체계를 새롭게 구축했다. 여기서 맥나마라는 생물학적으로 자신이 남성임을 증명하는 방식은 여성과 성행위를 하

는 것인데, 그러지 못하는 사람을 남성으로 볼 수 있는지 먼저 질문했다.[4]

성직자가 자신을 남자 중의 남자, 진정한 남성이라고 치켜세우기 위해 어떻게 했는지 살펴보기 전에, 맥나마라가 이 시기 남성의 위기를 Herrenfrage라는 단어로 지칭한 데 주목해야 한다. 그는 '여성성 위기Frauenfrage, the question of women'의 상대 개념으로 이 단어를 제시했다. 여성성 위기는 15세기에서 18세기에 이르기까지 '여성의 천성은 무엇인가?'를 두고 일어난 논쟁을 가리킨다. 고대 그리스 시대부터 그리스도교가 세상을 주도한 중세까지 여성은 남성보다 하등한 생물이자 생리적으로 완벽하지 못한 존재로 여겨졌다. 고대 그리스 의학 이론에서는 여성이 태아일 때 완전히 발육하지 못했기 때문에 여성으로 태어난다고 보았다. 고대 그리스인은 여성에게도 음경이 있어야 하지만 발육이 제대로 이루어지지 않아 체내에 숨겨져 있다고 생각했다. 심지어 여성도 어느 시기가 되면 음경이 생기고 수염이 자라서 불완전 상태에서 완전 상태로 변화한다고 믿기도 했다. 아리스토텔레스 역시 여성은 이성이 없는 존재라면서 남성처럼 고상한 사고활동을 할 수 없다고 말했다. 그리스도교 교리에서도 여성을 날 때부터 결함이 있는 존재로 보았다. 하와의 후손인 여성은 남성보다 더 심각한 원죄를 지었기 때문이다. 남성을 유혹해 나쁜 일을 하게 만드는 것이 여성이 타고난 성질이라고 보았다. 선천적으로 결함이 있는 여성이 어떻게 남성과 같은 수준의 지식을 얻을 수 있다고 여겨지겠는가?[5]

　맥나마라가 제안한 '남성성 위기'는 이런 맥락에서 나온 것이다. 남성성 위기의 원인은 경제력, 인구, 정치, 종교 등을 포함했다. 11세기에 개혁이 시작되기 이전 교회는 독신을 유지하는 것에 그다지 큰 가치를 두지 않았다. 『성경』에서는 여성을 통제되지 않아 감독하고 보호해야 하는 존재라고 가르쳤다. 그래서 결혼 전에는 아버지가, 결혼 후에는 남편이 여성을 관리해야 했기에 남성과 여성의 결혼은 지극히 당연한 세상의 진리 같은 일이었다. 만일 남성이 독신을 고수한다면 결혼하지 못하는 여성이 생길 것이므로 이는 사회 균형을 해치는 일이었다.

　그런데 11세기에 이르러 인구가 급속히 증가함에 따라 사회 전반에 변화가 일어났다. 우선 장자 상속 체계가 굳건히 유지되는 사회에서 부모 재산을 물려받을 가능성이 없는 차남 이하 아들들은 수도원으로 보내져 기도하는 자의 숫자가 점점 늘었다. 여성 인구 증가율이 남성 인구 증가율을 넘어선 데다 빈번한 전쟁까지 더해지며 수도원에 들어가 독신을 선언하는 여성 수도함께 늘었다. 교회 입장에서 볼 때 주主를 위해 성性을 포기한 여성은 '여성'이라는 굴레에서 벗어난 것과 같았다. 그런 여성은 세속의 여성과는 다르게 여겨졌고, 남성이 맡아 해오던 여러 일을 하게 되었다. 예를 들어 농경, 학문 탐구, 경전 필사 등 여성 참여가 허락되지 않은 신성한 일을 할 수 있게 된 것이다. 나아가 지적인 측면에서 남성과 어깨를 나란히 할 수 있었다. 이런 상황이 전개되자 독신을 유지하는 수도승은 위기감을 느꼈다. 여성이 종교에서 부여한 '선천적 하자품'이라는 관점에서 벗어나 남성과 똑같은 일을 하게 되었다. 그렇다면 남성은 자신과 여성을 어떻게 구분해야 할까?[6]

성직자는 무엇보다 상징적인 성적 지배권을 빼앗겼다. 거기에 전통적으로 여성을 속박하던 굴레를 벗어던진 수녀가 등장하자 사제들은 남성으로서의 정체성과 관련해 혼란과 위기를 느끼기 시작했다. 이런 분위기가 이어지자 프랑스 성인 플뢰리의 아보 Abbo of Fleury가 995년에 신을 위해 복무하는 남성인 수도승, 성직자 및 기타 세속적 직책을 위한 새로운 이론, 곧 '여성을 멀리할수록 신성하다'라는 이론을 주장했다. 이에 클뤼니파가 솔선하여 수녀와 함께 일하는 것을 거부하고 나섰다. 또 종교회의에서 여성 수도원을 공격하는 일이 비일비재하게 일어났으며 수녀가 할 수 있는 일은 계속 줄어들었다.[7]

맥나마라는 종교계의 여성 혐오 콤플렉스가 11세기에 특히 극심했다고 지적했다. 성직자에게 강제적 순결을 요구하면서 성 행위와 여성 모두에게 나쁜 이미지가 덧씌워졌다. 많은 문학작품과 역사 기록에서 이런 경향을 찾아볼 수 있다. 11~12세기 잉글랜드에서 활동한 역사가이자 베네딕트회 수도사인 오더릭 비탈리스Oderic Vitalis가 기록한 바에 따르면, 노르망디 여성 단체가 정복왕 윌리엄William the Conqueror(재위 1066~1087)에게 전선에서 싸우는 남편을 집으로 돌려보내달라고 청원하며, 남편과 성적인 즐거움을 나누던 시간이 그립다고 표현했다. 또한 신성로마제국 황제 하인리히 2세Heinrich II(재위 1014~1024)가 "몹시 경건하고 신실하여 성행위를 지나치게 싫어했다"라는 기록도 전한다. 잉글랜드의 참회왕 에드워드Edward the Confessor(재위 1042~1066) 역시 대단히 경건한 왕으로 기록되었는데, 그로 인해 왕비와의 사이에 자녀가 없었다고 했다. 하인리히 2세와 참회왕의 왕비들은 모두 혼외 자식을 낳았다.[8]

여성 혐오 콤플렉스, 여성과의 성행위를 더러운 것으로 여기는 분위기가 널리 퍼지면서 성직자는 독신을 유지해야 할 이유가 늘었다. 그리고 이를 이용해 남성과 여성 외에 '성직자'라는 별개의 독립적 젠더 유형(남성을 초월한 존재)이 형성되었다. 이제 사제와 수도승은 일반 남성보다 고상하다고 여겨졌다. 그들은 남성성을 새로운 경지로 끌어올렸다. 전쟁에서 적을 굴복시키는 전통적 남성성에 기댈 필요가 없었다. 성직자는 『성경』으로 적을 교화하는 임무를 맡았다. 피를 흘리지 않으면서 주께서 허락하신 방식으로 말이다. 또한 그들은 여성과의 성행위를 통해 남성성을 증명하지 않아도 되었다. 그런 증명이 없어도 그들은 진정한 남성이었고, 진정한 남성은 수컷의 충동적인 본능을 완벽히 억제할 수 있어야 했다.

두 개의 더블유(W): 여성과 무기

사실 전통적으로 남성성을 정의하면 이른바 '수컷 본능'이라고 할 수 있다. 거칠고 경쟁적이며 무력을 숭상하고 여성을 지배하는 것 등을 말한다. 남성 성직자 역시 수컷 본능을 타고난다. 하지만 신 앞에서 그런 본능과 욕망을 억누를 수 있어야 진정한 남성이었다. 본능 영역에서 욕망은 두 개의 더블유w로 구분된다. 여성women과 무기weapons다. 남성성의 핵심은 성과 전쟁을 지배하는 것이라는 의미다. 중세 성직자는 이런 욕망을 극복한 남성이 가장 남자답다는 '진정한 남성'의 기준을 만들어냈다. 진정한 남성은 타고난 성욕을 억제하고, 주를 위해 정결을 지키면서 '순결을 위한 전투battle for chastity'를 벌여야 했다. 중세 역사가 재클린 머리Jacqueline Murray는 '진정한 남성 이론'에서 전투 같은 전쟁에서 쓸 법한 어휘를 활용했음을 지적했다. 이런 언어 표현은 욕망의 억제를 강조하는 동시에 성직자에게 군사 어휘로 남성성을 드러낼 수 있게 해주는 역할을 했다. 즉, 욕망을 억누르는 것이 아니라 자기 욕망과 전쟁을 벌이는 것이었다. 성직자는 무기를 쥘 수 없다. 그러나 그들은 욕망을 참고 이겨내는 것은 실제 전쟁만큼이나 어렵고 중요한 것이라고 강조했다.[9] 고대 그리스·로마 시대 전통에서 군사적 능력은 남성에게 고귀한 훈장이었고 전사란 패권적 남성성을 차지한 집단이었다. 이와 비교해 책상물림으로 경전이나 필사하는 성직자는 문약하고 여성적으로 여겨졌다.

전사가 되어야 남자다운 남자라는 관념이 문화적, 역사적으로 남성에게 깊은 영향을 주었기 때문에 성직자들이 언어적으로나마 군사용어를 쓴 것이 아닐까.

재클린 머리는 전통적 남성성과 전쟁 및 무력은 밀접한 관련이 있기 때문에 성직자가 자신의 남성성을 증명하려 할 때 스스로 전사에 비유했을 것이라고 했다. 오늘날 스페인의 한 수도원에 남아 있는 기록에서 이런 경향을 살펴볼 수 있다. 어느 날, 바이에른에서 온 몇몇 학자들이 영매술이 어떻게 이루어지는지 참관하고 싶어 했다. 늙은 스승은 학자들의 요청을 거절하지 못하고 악마를 소환했다. 악마가 학자들을 유혹하려고 투구와 갑옷을 착용하고 창을 든 전사의 모습으로 "군대에 들어오라"라고 말했다. 그러나 그 방법은 통하지 않았다. 그러자 악마는 아리따운 여인으로 변해서 가만히 서 있지 말고 자기 품에 안기라고 유혹했다.[10] 이 기록에서 알 수 있듯 성직자에게는 수컷 본능을 포기하는 것이 가장 큰 유혹이다. 그리고 여성은 그 자체로 유혹이었기 때문에 여러 문학작품에서 여성은 강렬한 욕망을 품은 존재로 묘사된다. 아서 왕 전설에서 귀네비어 왕비가 그랬던 것처럼 말이다. 여성의 유혹을 극복한 남성은 일반적인 남성을 초월해 더욱 강력한 남성성을 가진 존재가 될 수 있었다.

당시 여러 종교 문헌에는 높은 지위의 주교가 어떻게 유혹에 저항했는지 기록되어 있다. 시토회 수도승 리보의 엘레드Aelred of Rievaulx는 얼음처럼 차가운 물에 수시로 몸을 담가 성욕을 억눌렀다. 성직자들은 몽정이나 자위도 신을 속이는 짓으로 여겨서 성욕을 억제하려다 건강에 문제가 생기기도 했다. 의사가 성직자들에게 적당한 자위는 건강에 도움이 된다고 권하기도 했으나 성직자들은 이런 조언마저도 신에 대한 불경으로 여겼다. 그래서 찾아낸 방법이 제단 앞에서 울며 자신의 신실함을 토로하는 것이었다. 눈물을 많이 흘릴수록 신실하다는 증거, 남자답다는 증명이었다. '진정한 남성 이론'의 맥락에서 성욕을 상징하는 정액과 같은 액체인 눈물이 대체품이 될 수 있다고 본 것이다. 그리고 성욕의 대체품을 경건한 신앙심으로 포장하여 전통적 남성성 대신 획득하고자 했다.[11]

진정한 남성의 불안감

성욕과 무력을 박탈당한 성직자는 그리스도교가 주관하는 사회에서 자신의 위치를 전통적 남성성보다 더욱 남자다운 것으로 교묘하게 바꾸었다. 남성성 위기 이면에는 성직자가 '여성화', '남자답지 않은 남자'로 여겨질 것을 불안해한 심리가 숨어 있다. 무기를 들 수 없는 성직자는 필사 업무 등 사무직에 종사하는 경우가 많았으며 소박한 옷을 입어야 했고 과한 장식품으로 치장할 수도 없었다. 재클린 머리는 「종교 생활의 남성화Masculinizing Religious Life」라는 논문에서 몸단장을 좋아했던 한 수도승 사례를 언급했다. 그 수도승이 세상을 떠나기 직전에 성모 마리아가 나타나 그의 머리를 세게 때렸다. 외모를 꾸미는 데 지나치게 골몰하여 수도승의 명예를 떨어뜨렸다고 질책한 것이다.[12] 실제로 고대 그리스·로마 시대에는 꾸미는 것을 지나치게 좋아하는 남성을 향해 여성화되었다고 했다. 로마 시대 한 기록에는 몸단장을 좋아하는 남성은 과할 정도로 욕망에 이끌리며 성행위를 할 때도 삽입당하는 역할을 즐긴다는 내용이 있었다.[13] 12~13세기에 활동한 사제이며 역사가인 웨일스의 제럴드Gerald of Wales는 성직자들에게 끊임없이 욕망에 맞서 싸우라고 주문했다. 욕망을 다스리는 것은 성직자에게 주어진 가장 큰 과제이자 도전이었다.[14]

　남자 중의 남자로 존재하고 싶어 한 성직자는 마치 줄 위를 걷는 사람처럼 위태로웠다. 그들은 스스로 만들어낸 '진정한 남성 이론'을 경건하게 지키며 신의 제단에서 굴러떨어지지 않도록 노력해야 했으니 말이다. 그리고 '진정한 남성 이론'은 한 가지 문제를 불러일으켰다. 앞서 맥나마라가 말했듯, 새로 형성된 남성성 이론은 성직자를 신성화하는 한편 대학, 교회 같은 현실의 여러 공공 영역에서 여성을 모조리 쫓아내다 못해 '남성이 여성을 대신한다'는 목소리가 나올 지경으로 몰고 갔다. 11세기 말에서 12세기 초에 활동한 베네딕트회 수도사이자 철학자, 신학자로 사후 성인으로 추대된 캔터베리의 안셀름Anselm of Canterbury은 자신이 예수와 마찬가지로 성모 마리아의 온유함과 모성母性을 갖췄다고 주장했다. 12세기 중반까지 활동한 클레르보의 성 베르나르St Bernard of Clairvaux는 모든 수도원 원장은 위엄 있고 지배적인 태도가 아니라 어머니의 자애로움으로 휘하의 수도승을 대해야 한다고 말했다. 그래야 수도승이 원장에게서 멀어지지 않는다는 것이다.[15]

이상한 것은, 수직적 지배관계를 획득하는 자체가 남성성의 중요한 요소라는 사실이다. 그런데 위엄과 지배력이 없는 수도원장은 어떻게 자신의 남자다움을 증명할 수 있을까? 다음 장에서 수직적 지배관계가 남성성을 보여주는 데 어떤 역할을 하는지 살펴보고, 남자아이가 이런 관계 속에서 남성성을 갖춘 강한 남성이 되는 법을 배우는 과정, 가족 내에서 가장paterfamilias이 되는 과정을 따라가보자.

1 Jacqueline Murray, 'Masculinizing Religious Life: Sexual Prowess, the Battle for Chastity and Monastic Life,' in P. H. Cullum and Kathrine K Lewis eds., Holiness and Masculinity in the Middle Ages (Toronto: University of Toronto Press, 2005), 24.

2 Ibid., 26.

3 Ibid.

4 Jo Ann McNamara, 'The Herrenfrage: The Reconstruction of the Gender System 1050-1150,' in Clare A. Lees, Thelma Fenster and Jo Ann McNamara eds., Medieval Masculinities: Regarding Men in the Middle Ages (University of Minnesota, 1994), 1-27.

5 Ibid.

6 Ibid., 6-7.

7 Ibid.

8 Ibid., 9-10.

9 Murray, 'Masculinizing Religious Life: Sexual Prowess, the Battle for Chastity and Monastic Life,' 29-30.

10 Ibid.

11 Ibid., 32-33.

12 Ibid., 32.

13 Kelly Olson, 'Masculinity, Appearance, and Sexuality: Dandies in Roman Antiquity', Journal of the History of Sexuality, 23.2 (2014), 182-205.

14 Murray, 'Masculinizing Religious Life: Sexual Prowess, the Battle for Chastity and Monastic Life,' 36.

15 McNamara, 'The Herrenfrage: The Reconstruction of the Gender System 1050-1150,' 1-27.

아버지를 살해하거나 극복하거나
: 중세 부자 관계

지배와 가장

남성성의 핵심은 지배와 통제다. 그리고 사회의 가장 작은 단위를 기준으로 보면 지배와 통제 권한은 한 집안의 수장에게 있다. 로마 시대에는 집안의 수장 개념이 매우 중요했다. '가장'이라는 뜻의 단어 paterfamilias에서 pater는 아버지, familias는 가정을 의미한다. 한 가정의 아버지가 곧 집안의 주인이자 권한을 가진 자head of household라는 것이다. 로마 법률에 따르면 아버지가 집안의 절대 권력을 가진다. 아버지는 기본적으로 아내와 자식을 포함한 모든 가족 구성원의 삶과 죽음을 결정할 수 있었다. 아버지는 태어난 아이를 키울지 말지 정할 권리가 있었고 원하는 경우 자식이라도 노예로 팔 수 있었다. 자식이 얻은 재산 역시 전부 아버지의 것이었다. 아버지는 심지어 잘못을 저지른 자식을 죽일 수도 있는 권리, '생사여탈권ius vitae necisque'을 가졌다. 하지만 로마 시대 아버지가 법에 명시된 것과 같은 대단한 권리를 실제로 보유했는가를 두고 학술계에서는 여전히 많은 의문을 제시하며 논쟁을 벌이고 있다. 프린스턴대학 교수이며 로마제국 역사 전문가인 브렌트 쇼Brent D. Shaw는 로마 시대에 생사여탈권

집행이 단 한 번도 허가되지 않았다고 했다.[1]

　로마 시대 아버지가 실제로 생사여탈권을 가졌는지와 상관없이, 가장 개념은 가부장 체제가 지배하는 사회에서 공통적으로 나타나 오늘날까지 이어지고 있다. 한 집안의 수장이 되기 위한 선결조건은 아버지가 되는 것이다. 남자아이는 성년에 이르러도 여전히 아버지 관할 아래 있지만, 결혼하여 아이를 낳으면, 즉 자신에게 속한 자식이 생기면 드디어 한 가정의 수장이 될 수 있었다. 그래서 '아버지가 되는 것fatherhood'은 한 남자가 진정한 지배권을 행사하는 시작점이었다.

　모순된 부자 관계

　아버지는 단지 한 가정의 우두머리일 뿐 아니라 남자아이가 남성성을 습득하는 과정에서 접하는 최초의 본보기다. 남자아이는 '한 남성이 되는 법'을 아버지를 보며 배운다. 부자 관계는 아들이 나중에 어떤 남성이 될지, 그리고 아들이 꾸려나갈 미래 가정에서 어떤 역할을 맡을지 결정짓는다. 그런데 부자 관계는 모순으로 가득 차 있다. 구체적인 예를 들어보자. 그리스도교에서 아버지는 양치기처럼 자식을 올바른 길로 이끌어야 했다. 하지만 이런 계도 관계 속에는 아들이 아버지에게 살해될지 모른다는 공포가 숨겨져 있었다. 『구약성경』 가운데 신이 아브라함의 신앙심을 시험하는 방법으로 아브라함의 아들 이삭을 제물로 바치라고 요구하는 장면이 있다. 아브라함은 신의 명령에 따랐고, 신은 이삭을 살려주었다. 이는 신학적 측면에서, 신 역시 자기 아들 예수 그리스도를 희생할 것임을 암시했다고 해석할 수 있다. 나아가 이 이야기는 언제든지 아버지에게 살해될 수 있다는 아들의 근원적 공포감을 드러낸다. 많은 문학작품이 아버지를 상대로 느끼는 이 공포감을 다루며 결국 아버지를 '극복'함으로써 해결책을 찾아가는 이야기로 풀어낸다. 아들에게 아버지는 본보기이자 극복하고 넘어서야 할 대상이다. 부자 관계에서 지배권을 핵심으로 하는 남성성은 경쟁과 학습 관계를 형성한다. 아들은 남성적 존엄을 존중받기 위해 아버지를 이기거나 아버지보다 뛰어난 성취를 보일 필요가 있었다. 아버지를 극복해야 한다는 과제가 극단적인 상황으로 치달으면 아버지를 살해하는 결과를 낳기도 한다. 『오이디푸스 왕Oedipus Rex』에서 아버지를 죽이고 어머니를 범하는 이야기나 아서 왕 전설의 모드레드가 좋은 예다. 두 작품 모두 아들이 아버지를 죽이고 아버지가 가진 모든 것을 차지하는 이야기가 담겼다. 한편 아버지 입장에서 아들은 잠재적인 적수다. 남자아이는 언젠가 성인 남성이 될 것이다. 그것이 아버지에게 공포감을 준다. 이런 감정은 역사 속 영토 계승 과정으로 해석할 수 있다.

잉글랜드의 예를 보자. 영토 계승은 장자 상속을 주요 골자로 한다. 하지만 장자가 질병 혹은 전쟁으로 사망할 경우 동생들이 합법적인 계승자가 된다. 그래서 장자가 아니더라도 누구나 영토 계승 가능성이 있었다. 누가 되었든 계승이 이뤄지려면 영토를 물려줄 사람의 사망이 전제되어야 한다. 그래서 사이가 좋지 않은 아버지와 아들 사이에서는 영토와 재산 승계가 갈등의 원인이 될 때가 있다. 그 밖에도 패권적 남성성 역시 부자 관계의 모순을 부채질했다. 앞서 살펴보았듯이 부자 간에는 경쟁적 관계가 형성된다. 남자아이가 성장하면서 아버지 권위에 도전하는 것은 필수적 과정이며, 이 과정을 통해 자기 남성성을 확립할 수 있기 때문이다. 정복왕 윌리엄, 곧 윌리엄 1세와 그의 첫째 아들인 노르망디 공작 로베르 2세Robert II of Normandy 사례를 살펴보자. 역사가 오더릭 비탈리스는 로베르 2세가 놀라울 정도로 용맹했지만 사치와 낭비가 심했다고 평했다. 로베르 2세는 어렸을 때부터 아버지가 다른 자식을 편애한다고 생각해 불만이 많았다. 윌리엄 1세는 잉글랜드를 정복했지만 로베르 2세에게 영지를 내주지 않았다. 로베르는 1077년과 1083년, 두 번이나 공개적으로 아버지 반대세력에 가담하여 윌리엄 1세에게 저항했다.[2] 영국왕 헨리 2세Henry II(재위 1154~1189)와 그의 아들들 사이에도 항상 긴장감 어린 충돌이 존재했다. 그는 알리에노르 다키텐Aliénor d'Aquitaine과 결혼해 세 아들을 낳았다. 그러나 아들들은 아버지가 권력을 쥐고 놓지 않으려 한다는 이유로 연이어 반란을 일으켰다. 결국 헨리 2세가 아들들의 반란을 부추긴 왕비 다키텐을 구금하는 조치를 취하고서야 아들들이 얌전히 투항했다. 왕실에서 남성 계승권자는 중요한 자산인 동시에 잠재적 위협이었다. 왕실에서 벌어진 부자 갈등은 복잡한 권력과 정치적 관계가 얽혀 있기 때문에 평민의 사례보다 심각했다. 역사가들이 분석한 바에 따르면, 왕실의 부자 관계는 대부분 대단히 경직되어 있었고, 하룻밤 사이에 정권이 뒤집힐 수 있는 긴장감이 감돌고 있었다.

하지만 부자 관계가 여러 정황상 경쟁적 의미를 띤다 해도 아버지 역할은 가부장 체제의 근본이다. 아버지가 되어야 한 가정의 우두머리가 되어 가족 구성원 하나하나를 지배할 수 있었다. 이런 가장 개념은 일상생활의 여러 층위로 퍼져 나갔다. 중세 봉건제도 아래서 영주와 봉신은 부자 관계의 지배와 복종을 잘 보여준다. 아버지 역할이 안정적으로 확립된 부계사회 및 가부장제 사회에서는 남자아이가 아버지 곁에서 남자가 되는 방법을 배운다. 성인이 되어 자기 가정을 꾸리고 가장 역할을 할 때까지 그렇다. 여기서 또 다른 문제가 생긴다. 아버지가 없는 경우 또는 성장 과정에서 아버지 곁에 머물지 못한 경우, 남자아이는 남성성을 어떻게 학습했을까?

베네딕트회 젊은 수도승과 중세 도제를 사례로 들어 아버지가 없는 상황에서 남자아이는 어떻게 남자가 되는 법을 배우는지 살펴보자.

남자가 되는 방법을 배우려면
: 베네딕트회 젊은 수도승

전쟁이 끊임없이 이어지던 중세 유럽에서는 사망률이 높았다. 더구나 남성 사망률이 여성보다 훨씬 높았기 때문에 아버지 없이 자라는 아이가 많았다. 어머니가 재혼하지 못해 자식을 양육할 수 없는 처지에 내몰릴 경우 아이들은 대부분 수도원으로 보내졌다. 많은 수도원 단체 가운데 베네딕트회는 어린 수련 수도승을 받아들이는 몇 안 되는 교파에 속했다. 베네딕트회는 6세기 초·중반에 활동한 누르시아의 베네딕트Benedict of Nursia가 창설했으며 그가 정립해놓은 『베네딕트회 규율Regula Benedicti』에는 수도원장의 직무와 권력과 관련한 여러 규칙이 잘 나와 있다. 규율에 따르면, 수도원장은 수도승을 대할 때 아버지처럼 말하며 수도승을 올바른 길로 이끌어야 한다. 이를 위해 수도원장이 많은 수도승을 지배하는 자로서의 역할을 확실히 하는 게 중요하다. 베네딕트는 수도원장 스스로 지배자로서의 역할을 분명히 인지해야 할 뿐 아니라 양치기가 그러하듯 자신이 데리고 있는 양 떼를 계도해야 한다고 보았다. 수도원에 소속된 모든 이들은 수도원장 지시에 복종해야 하고 누구도 제멋대로 행동해서는 안 되었다.[3] 캔터베리의 안셀름은 수도승의 복종 의무를 더욱 확장했다. 그는 수도승은 수도원장 지시에 복종해야 할 뿐 아니라 나아가 자기보다 일찍 수도원에 들어온 선배 수도승에게도 복종해

한스 멤링, 〈누르시아의 베네딕트〉(포르티나리 제단화 부분), 1487,
패널에 유채, 45×34cm, 우피치 미술관, 피렌체

야 한다고 했다.[4] 이는 지배-복종 관계를 다층화한 것으로, 수도원에 늦게 들어온 사람일수록 더 많은 이에게 복종해야 했다. 한편 선배 수도승은 지배-복종 관계 안에서 역할을 바꿔가며 수행했다. 즉, 그는 수도원장에게는 피지배자지만 후배 수도승에게는 지배자였다.

어린 수도승은 엄격하게 교육받았다. 수도원은 외부 후견인이 어린 수도승에게 돈을 보내는 것을 금지했고, 잘못을 저지르면 매질로 처벌했다. 나이가 어리면 연장자보다 적게 먹어야 했다. 후배 수도승은 반드시 선배와 같이 자야 했는데, 이는 규범을 좀 더 빨리 익히게 하기 위해서였다.[5] 안셀름은 어린 수도승의 교육과 규율을 몹시 강조했다. 그는 어린 수도승을 아직 굳지 않은 말랑말랑한 밀랍에 비유하면서 그들을 이상적인 모습으로 길러내기 위한 교육의 중요성을 강조했다.[6] 『베네딕트회 규율』에 따라 어린 수도승을 단호하게 교육하는 수도원장에게 안셀름은 여러 차례 편지를 보내 수도원장이라면 마땅히 아버지와 같은 사랑으로 자식을 더욱 엄하게 체벌해야 한다고 했다.[7] 그리스도교에서 하느님이 모든 인간의 아버지인 것처럼 수도원에서는 원장이 모든 수도승의 아버지였다. 『베네딕트회 규율』을 더 깊이 들여다보면, 수도원장의 역할을 엄격한 주인, 리더, 그리고 사랑이 가득한 아버지로 표현하고 있음을 알 수 있다.[8]

혈연관계로 이루어지지 않은 수도원에서도 가장 개념이 형성되어 소속된 이는 누구든지 가장의 지시를 따르는 것이 규범화되어 있었다. 수도원장이라는 강력한 가장 아래에서 지배-복종 관계가 여러 층위로 형성되었으며, 이는 실질적으로 봉건제도와 크게 다르지 않았다. 다시 말해, 아랫사람이 윗사람에게 절대복종함으로써 가부장제 사회에서 가장 중요한 지배권이 행사되었다.

남자가 되는 방법을 배우려면: 중세의 도제

수도원은 종교 규범에 따라 독자적으로 지배권 행사 방식을 구축했다. 그렇다면 세속에서는 어떻게 했을까? 중세 잉글랜드의 도제제도apprenticeship를 통해 알아보자.

도제, 견습이라는 뜻의 단어 apprentices는 13세기 잉글랜드에서 처음 생겨났다. 이는 남자아이들이 열네 살에서 스물다섯 살까지 집을 떠나 일을 하면서 앞으로 자신과 가족을 부양할 기술을 배우는 것이다. 누군가의 도제로 들어가겠다고 결정하면 스승master과 계약을 맺어야 했다. 런던에서는 7년 계약을 기준으로 하되 상한선이 없었기 때문에 대부분 10년간 견습생활을 지속했다.[9]

계약기간 중에는 스승과 도제 사이에 명확한 지배-복종 관계가 성립했다. 1248년에 맺은 도제 계약서를 살펴보면, 도제 윌리엄이 견습기간 동안 충성스러운 태도good faith로 임할 것을 보증

한다. 스승을 향한 절대적인 충성심과 신뢰심을 가질 것이며, 스승의 돈을 훔치지 않고, 감사하는 마음으로 급여를 수령하겠다는 내용이다. 만약 스승의 재산에 손해를 입혔다면 배상하겠다는 내용도 포함되었다. 스승 역시 계약을 통해 정기적으로 윌리엄에게 급여를 주고 음식을 제공하며 돌봐줄 것을 보증했다.[10]

비슷한 시기에 맺은 다른 계약서에서는 도제의 아버지가 아들 스티븐이 스승에게 충성을 다하고, 스승의 물건을 훔치지 않으며, 계약기간 중에 멋대로 달아나지 않을 것을 보증하고 있다.[11] 도제 계약서에서 계속 언급되는 '충성'의 의미는 굉장히 넓은데, 그 핵심을 『길드 규범The Orders of The Guild』에서 살펴볼 수 있다. 이 규범집에 따르면, 모든 도제는 신을 경외하는 마음을 배워야 하며, 마치 아버지에게 그러하듯 스승에게 순종해야 한다.[12] 도제는 거의 무조건 복종해야 했으므로 스승의 지시라면 그 무엇도 어겨서는 안 되었다. 이와 같은 완전한 복종은 견습생활을 마친 후 자기 사업을 시작할 때 영향을 미친다. 14세기 초한 도제는 7년간 견습생활을 하며 스승에게 충성을 다했고 스승의 명령과 가르침을 조금도 어기지 않았음을 이웃사람의 증언을 바탕으로 법정에서 증명받았다.[13]

도제제도는 지배-복종 관계가 엄밀한 감시망을 형성할 정도로 더욱 발전했음을 알려준다. 도제는 이웃과 사회의 감시 아래서 절대적으로 복종해야 하는 역할을 수행했다. 수직적 지배가 훨씬 강화된 것이다. 『길드 규범』에는 이웃의 증명을 받지 못한 도제는 스승을 떠나 자기 사업을 시작할 수 없다고 정해져 있다.[14] 왜 이렇게 엄격한 규정이 마련되었을까? 이는 곧 스승이 도제에게서 느끼는 복잡한 감정을 대변한다. 도제가 성장해 독립하면 결국 스승과 도제는 서로 경쟁자가 된다. 그래서 많은 스승이 온갖 핑계를 대며 도제의 계약을 연장하려 했다. 앞서 살펴본 부자 간 경쟁관계도 그랬지만, 혈연으로 이어지지 않은 도제 관계에서는 경쟁이 더 쉽게 불거지곤 했다. 그래서 도제는 계약 기간 중 언제든지 도망치려 했는데, 그 이유는 대개 스승의 채찍질 혹은 성심을 다하지 않은 가르침, 생활 전반을 돌봐주지 않는 것 등이었다.[15]

한편 스승 입장에서 생각해보자. 도제가 들어오는 것은 집안에 새로 남자가 한 명 생기는 일이다. 따라서 집안의 우두머리인 스승은 각종 수단을 이용해 도제를 가르치고 통제할 필요가 있었다. 이는 집안의 질서를 유지하기 위해 마땅히 취해야 할 조치였다. 스승은 계약기간 동안 도제가 술을 마시는 것, 결혼하는 것, 스승의 집에서 여성과 성행위하는 것 등을 모두 금지했다. '도제의 결혼까지 반대해야 했을까'라고 생각할 수 있는데, 결혼을 한다는 것은 스승과 대등하게 한 가정의 수장이 되는 것이다. 다시 말해, 결혼은 곧 스승의 지배권을 위협한다는 점에서 독립하여 자기 사업을 시작하는 것과 다를 바가 없었다. 스승의 집에서 여성과 성행위하는 것은 스승이 가족 내 여성에게 행사하는 지배권을 더욱 더 심각하게 침해하는 행위였다. 스승의 집에서

성행위를 한 어느 도제가 벌거벗은 채 집 밖으로 쫓겨났다는 기록도 전한다.[16]

아버지가 없는 경우 어린 남자 아이는 수도원이 되었든 도제 관계가 되었든, 다른 집단에 편입되어 그 안에서 지배-복종 관계를 경험함으로써 남성성의 모범을 배웠다. 이런 지배-복종 관계는 아버지가 관장하는 본래 가정보다 훨씬 강력했다. 수도원장이나 스승은 아버지와 교사 역할을 동시에 수행하기 때문에 지배권이 더 강화된 사람이라고 볼 수 있다. 이렇게 다중적인 지배-복종 관계 속에서 성장하며 남자가 되는 방법을 배워 성인이 된 이들은 동일한 지배-복종 관계를 복제하듯 수립했다. 그리고 남성성을 표출할 수 있는 다양한 상황에서 진력을 다해 지배자 위치를 차지하고 가부장제 사회 구조를 더욱 공고히 했다.

중세 필사본 삽화 중 제빵사와 그의 도제

1   Brent D. Shaw, 'Raising and Killing Children: Two Roman Myths,'
    Mnemosyne, 52.1 (2001), 31-77; Richard P Saller, 'Pater Familias, Mater
    Familias, and the Gendered Semantics of the Roman Household,' Classical
    Philology, 94.2 (1999), 182-197.

2   Aird W. M, 'Frustrated Masculinity: The Relationship between William
    the Conqueror and His Eldest Son,' in ed., D. M. Hadley, Masculinity in
    Medieval Europe (London: Longman,1999), 39-56.

3   St. Benedict, The Rule of Saint Benedict, 30.

4   Walter Fröhlich, The Letters of Saint Anselm of Canterbury, 293.

5   St. Benedict, The Rule of Saint Benedict, 96.

6   Eadmer, Vita Anselmi, 20-21.

7   Ibid., 37-38.

8   St. Benedict, The Rule of Saint Benedict, 20.

9   Letter Book C 1291-1309, Ix.

10 "Internet Medieval Sourcebook," last modified on 21/07/2013,
    http://aelflaed.homemail.com.au/doco/indenture.html

11 "Internet Medieval Sourcebook," last modified on 21/07/2013,
    http://www.fordham.edu/Halsall/source/1248apprentice-ag2.asp

12 George Clune, The Medieval Gild System (Dublin: Browne and Nolan Limited,
    1943), 91.

13 Letter Book D 1309-1314, 101.

14 Letter Book G 1352- 1374, xii.

15 Calendar of Early Mayor's Court Rolls: Preserved among the archives of the
    corporation of the city of London at the Guildhall, A.D. 1298-1307, 222.

16 Calendar of Early Mayor's Court Rolls: Preserved among the archives of the
    corporation of the city of London at the Guildhall, A.D. 1298-1307, 83.

백마 탄 왕자 양성기
: 중세 기사

앞서 성직자의 남성성을 살펴보았다. 종교가 세상을 주도하는 시대였던 만큼 성직자가 남성성을 새롭게 정의했지만, 새로운 남성성 역시 중요한 특징은 동일했다. 바로 대중의 인정을 받아야 하며 스스로 주장한다고 해서 남성성을 획득할 수 있는 것은 아니라는 점이다. 성직자는 전통적인 남성성을 드러낼 기회를 박탈당했기에 새로운 논리로 자기 남성성을 증명해야 했다. 그렇다면 성직자의 논리가 세속 남성에게도 영향을 주었을까? 무력을 포기하고 『성경』으로 적을 정복하는 것을 더 남자답다고 여겼을까?

그런 일은 일어나지 않았다.

성직자가 아닌 일반 남성은 여전히 무기를 사용했다. 귀족계급에서는 폭력을 드러내놓고 과시하는 일이 여전히 흔했으며, 더 나아가 폭력을 연출된 공연 형태로 보여주기 시작했다. 뒤에서 살펴볼 마상 창 시합jousting이 대표적인 예다. 그러나 우선은 지금까지도 남성성 개념에 큰 영향을 미치는 '기사knight' 이미지를 간단히 이해해보자.

많은 여성이 배우자를 선택할 때 이상적인 조건으로 '기사도'를 꼽는다. 대만 사람들은 한국 드라마에서 기사도를 발휘하는 남자 주인공을 자주 만난다. 여자 주인공이 넘어지려고 하면 운동신경이 뛰어난 남자 주인공이 바람처럼 달려와 붙잡아준다(현실에서라면 여자가 그대로 넘어지는 일이 더 많을 것이다). 혹은 여자 주인공이 사람들에게 둘러싸인 난처한 상황에 처했을 때 남자 주인공이 멋지고 용감한 자태로 등장해서 여자를 구출한다(현실에서라면 여자가 알아서 스스로 자리를 피하는 게 더 빠를 것이다). 기사도는 '여성에게 잘 대해준다', '여성의 위기를 해결해준다'는 특징을 지닌다. 다시 말해 여성을 소중히 여기면서 대가를 바라지 않고 헌신하는 것이다. 이처럼 남성이 여성의 위기를 대신 해결해줄 때, 영어권에서는 '빛나는 갑옷을 입은 기사knight in shinning armour' 혹은 '곤경에 빠진 미녀damsel in distress'가 등장한다. 디즈니 애니메이션 시리즈에서는 대체로 도움이 필요한 여자 주인공이 자신을 구해준 남자 주인공과 사랑에 빠진다(《겨울왕국》 이전까지는 그랬다). 그의 신분과 상관없이, 최종적으로 그는 '기사도'를 지닌 남성이 된다.

이렇듯 '기사' 개념은 여성과 깊이 관련되어 있다. 기사라는 단어 자체에는 원래 어떠한 낭만적인 요소도 포함되어 있지 않다. 기사는 말에 올라 타서 싸우는 병사를 의미할 뿐이다. 다만 말을 소유할 수 있는 병사라면 대개 귀족계급이라는 것을 쉽게 예상할 수 있다. 잉글랜드에서는 '기사'라는 단어로 토지 규모를 나타냈다. 즉, '기사 영지kinght's fee'는 기사 한 명을 먹여 살릴 수 있는 땅의 넓이를 가리켰다. 그런데 12세기 이후 기사에게 '기사도 정신을 준수하며 살아가는 귀족'이라는 의미가 덧붙여졌다. 그렇다면 기사라는 단어는 언제부터 고귀한 기사도chivalry 이미지를 내포하게 되었을까? 기사도의 기원은 10세기로 거슬러 올라간다. 당시 프랑크왕국의 귀족은 모두 강력한 군사적 역량을 지닌 기사chevalier를 보유했기 때문에 교회는 귀족이 군사적인 힘을 사용하는 것을 가급적 억제하고자 기사도를 장려하기 시작했다. 즉, 훌륭한 기사는 도덕성을 갖추어야 한다고 여기게끔 한 것이다. 12세기에 이르러 기사도 정신은 유럽 대륙 여러 나라를 풍미하는 중요한 개념으로 자리 잡았다.[1]

어떤 사람이 기사가 될까?

유럽의 모든 국가와 지역, 심지어 왕실에는 각자의 기사 규범이 있었다. 하지만 전반적으로 통용되는 몇 가지 준칙도 존재했다. 용기, 충성심, 종교적 경건함, 정절, 겸손, 사랑하는 사람을 향한 변함없는 마음, 뛰어난 무예 등이 기사의 조건이었다. 중세 궁정문학Romance에 등장하는 기사는 이런 특징을 대부분 갖추고 있었다. 아서 왕 전설에 나오는 가웨인, 랜슬럿, 갤러해드 등도 그랬다. 문학작품 속 기사도는 아름답고 순수하다. 반면 기사도의 핵심은 곧 남성성의 표현으로, 역사적 시각에서 살펴보면 기사 역시 가부장 체제에서 등장한, 남성만 향유하던 독특한 유희였다.

우선 기사가 될 수 있는 조건부터 살펴보자.

앞서 말했듯 기사는 귀족 출신이어야 했다. 부모 양쪽이 모두 귀족이어야 이 조건을 만족시켰을까? 아버지는 귀족이고 어머니는 평민이라면, 혹은 그 반대 경우라면 그 자식은 기사가 될 수 있었을까? 부계사회에서는 사생아라고 해도 아버지가 잘 알려진 귀족이면 기사가 될 수 있었다. 반대로 어머니가 귀족이고 아버지가 평민일 경우 그 자식은 그렇게 운이 좋을 가능성이 낮다.

중세 유럽 사회에서는 남성성 및 남성과 관련된 모든 미덕이 아버지 혈통을 통해 전해진다고 믿었다. 어머니는 그러한 남성적 특질을 가지지 못한다고 보았기 때문이다. 그래서 사생아로 태어났어도 아버지가 귀족이면 타고난 조건상 기사가 될 수 있었다. 이 대목에서 중세 남성성 역시 고대 그리스의 혈기 방장함이나 타고난 용기 같은 남성적 특질, 고대 로마의 비르투스 개념 등과 비슷함을 알아차릴 수 있다. 다시 말해, 이런 단어는 모두 남성 고유의 것으로 여성에게는 해당하지 않는다. 기사 개념은 한 걸음 더 나아가 남성적 특성은 생물학적으로 남성 간에만 전해진다는 믿음을 더한 것이다. 고대 그리스에서 중세까지 사람들은 용기는 날 때부터 가지고 있는 것으로 보았으며, 여기에 성장 배경이 더해져서 뛰어난 기사가 배출된다고 여겼다. 15세기에 쓰인 『기사도 수칙The Handbook of Chivalry』에서 기사다움은 태어날 때부터 지니는 재능과 같아서 남자아이가 철이 들 무렵 차차 겉으로 드러난다고 했다. 그래서 남자아이들이 기사의 용맹한 전

투 이야기를 좋아하고, 기사 수련이나 싸움 장면을 구경하고 싶어 하는 것으로 나타난다고 주장했다.[2]

하지만 용기를 타고났다고 해서 바로 훌륭한 기사가 될 수는 없다. 기사가 되려면 우선 훈련을 통해 남성성을 어떻게 표출해야 하는지 배우고 이를 바탕으로 기사 칭호를 얻어야 했다. 훈련은 어릴 때 시작된다. 귀족의 아들은 대부분 다른 귀족 가문에 기숙하는 형태로 머무르면서 훈련을 받는다. 이때 두 가문은 신분상 대등하기도 하고 또는 봉신 가문에서 주군 집안으로 아들을 보내기도 한다. 아들을 다른 가문에 보내는 것은 '인질'과 비슷한 개념으로 영주 간 우호를 다지는 행위였다. 또한 아들을 다른 귀족 수하로 보내 훈련하게 함으로써 봉건사회에서 살아남는 데 필요한 기술을 익히게 하려는 의도도 있었다. 기사 훈련을 하러 가면 먼저 가장 기본적인 것, 예를 들어 영주가 식사할 때 곁에서 시중을 드는 것 등을 배운 뒤에야 또래 소년과 같이 갑옷을 입고 무예를 익히게 된다. 시중드는 법을 가르치는 것은 어린 남자아이에게 계급 구분을 명확히 심어주기 위해서다. 그들은 영원히 영주에게 충성을 바치는 봉신 입장이며 신분을 넘어서는 행동을 해서는 안 된다는 사실을 어릴 때부터 알려주는 것이다.[3]

또래와 무예를 겨룰 때는 주로 마상 창 시합을 한다. 마상 창 시합은 양쪽에서 갑옷과 투구를 착용하고 말을 탄 기사가 긴 창을 들고 빠른 속도로 상대방에게 돌격하는 것이다. 창으로 상대방 급소를 공격해 말 위에서 떨어뜨리면 승리한다. 이런 시합은 개인주의적 성향이 강했다. 즉, 개인의 능력이 중요하며 여러 사람이 모인 곳에서 자신의 남성성이 상대방보다 강력함을 과시하려는 의도가 담겨 있었다. 마상 경기 기술은 실제 전쟁에서는 큰 도움이 되지 않았고 전황에도 별다른 영향을 주지 못했다. 다만 기사의 담력과 용기, 승부욕 같은 전통적인 남성적 특성을 훈련할 수 있었다. 더 중요한 것은 이런 경기가 폭력을 정상적인 것, 합법적인 것으로 만들었으며 공개된 곳에서 직접적으로 남성성을 겨루어 이긴 자가 '남자 중의 남자'임을 증명하는 용도로 쓰였다는 점이다.[4]

단순히 경기에서 이기는 것만이 전부가 아니었다. 승자는 어떠한 잔꾀도 부리지 않고 공정하게 이겨야 했다. 그러지 않으면 기사도에 위배된다고 평가되었다. 만약 상대방이 갑옷과 투구를 착용하지 않았거나 같은 수준의 무기를 갖추지 못했다면, 그 사람이 동등한 수준으로 무장할 때까지 기다린 후에야 결투할 수 있었다. 결투 시간과 장소도 기사도와 관련 있었다. 기사들 간 결투는 감정이 상했다고 그 자리에서 바로 싸우는 것이 아니었다. 미리 시간과 장소를 정해서 쌍방이 죽을 수도 있다는 각오를 다진 후에 결투해야 했다. 이런 규칙 외에 기사는 동정심을 가지고 약자(여성 포함)를 보호해야 했고, 전쟁 때도 제멋대로 살인과 약탈, 강간 등을 저질러서는 안 되었다. 여성을 대할 때는 특히 주의했는데, 기사는 전쟁을 이유로 여성에게 성적으로 폭력을 휘두르는 것을 혐오하고 배격해야 했다.[5]

그 밖에 기사가 무엇보다 중요하게 여긴 특성은 영주와 동포를 향한 충성심이다. 중세 이탈리아 시인이며 프랑스 궁정작가로도 활동한 크리스틴 드 피잔Christine de Pizan은 고상한 기사라면 주인과 친우를 위해 개와 같은 충성심을 보여야 한다고 했다. 주인이 위험에 처했을 때 개는 목숨을 바쳐서라도 주인을 구하려 한다. 주인의 친우가 찾아왔을 때 개는 친밀하게 다가가서 냄새를 맡을 뿐 공격하지 않는다. 또한 개는 영리해서 은혜를 갚을 줄 안다. 그러므로 기사의 준칙을 지키고자 하는 사람이라면 마땅히 개를 본보기로 삼아야 한다는 것이다.[6]

문학작품 속 백마 탄 왕자
vs 역사 속 지나치게 오만했던 기사

하지만 현실에서 이런 숭고한 기사도 정신은 실현되기 어려웠다. 중세에는 강도와 약탈이 만연했다. 궁정문학과 기사도 준칙이 유행했음에도 폭력은 줄어들지 않았다. 미국 역사가 리처드 카우퍼Richard W. Kaeuper는 중세 기사들이 저지른 폭력 행위가 많은 문제를 야기했다고 했다.[7] 기사도 정신은 애초에 평민은 포함하지 않고, 자신과 신분이 비슷하거나 높은 사람에게만 발휘되는 것이라고 보아야 한다. 중세 프랑스에서 이름을 떨친 기사 장 르 맹그르 2세Jean II Le Maingre는 자서전에서 기사가 보호해

야 하는 여성은 출신이 고귀한 집안의 후예뿐이라고 설명하기도
했다.[8]

기사의 남성성은 계급적 제한에 더해 이런 특성을 가질 수 있
는 대상을 귀족으로 한정했음을 알 수 있다. 기사의 남성성은 사
실상 이기적이며 영웅주의적 색채를 띠었다. 『일리아스』에 나오
는 개인적 영웅주의와 비슷하다. 그래서 당시에도 기사도 정신을
향한 비판의 목소리가 적잖았다. 기사도는 진짜 전쟁에서는 쓸모
가 없다는 지적이 많았다. 오히려 병사들이 오만해져서 지휘관
명령을 따르지 않거나 자기가 돋보이려고만 해서 군대 전체 이익
에 도움이 되지 않는다는 것이었다. 15세기에 존 페스톨프 경Sir
John Fastolfe이 쓴 『귀족의 책Boke of Noblesse』에도 이와 비슷한 언급
이 나온다. 그는 남자를 두 종류로 구분했다. 하나는 대담한 전
사Bold Man, 또 하나는 진정한 남자Manly Man다. 대담한 전사는
용맹하다. 하지만 생각 없이 위험 속으로 뛰어드는 경향이 있다.
게다가 그가 남긴 문젯거리를 다른 사람이 해결해야 하는 피해
를 끼친다. 반면 진정한 남자는 신중하고 엄밀한 사고를 거쳐 행
동한다. 그래서 자신은 물론 동료를 위험에 빠뜨리지 않는다.[9]

남성성을 대표하는 충동, 혈기 방장함, 개인적 영웅주의 등은
고대 그리스부터 중세까지 줄곧 비판의 대상이었음을 잘 알 수
있다. 개인적 성취를 추구하는 것과 전체 이익을 지키는 것은 대
체로 충돌하기 때문이다. 국가에 필요한 사람은 지나친 남성성에
취해 앞뒤 없이 돌격하는 병사가 아니라 전쟁을 승리로 이끌 수

있는 진정한 남자다. 중세 문학을 전공한 보니 휠러Bonnie Wheeler 교수는 많은 역사서에서 '자신을 통제할 수 있는 남성vir modestus' 을 찬양하면서 이런 남성이야말로 적절한 지도자라고 기록했음을 지적했다. 왜냐하면 그는 개인적 영광을 위해 전체 이익을 훼손하지 않기 때문이다.[10] 로마의 카이사르도 용기만 있어서는 안 되며 자기 이성을 통제할 줄 알아야 한다고 했다. 알렉산드로스 대왕은 자기 절제를 강조하면서 어떤 일에도 탐닉하지 말라고 했다. 이쯤 되면 역사적으로 지나친 남성성을 얼마나 우려했는지 잘 이해했을 것이다. 그러다보니 남성성은 용기라는 핵심 개념 외에 새로운 특징을 갖게 되었다. 자제력과 신중함을 강조하게 된 것이다. 자제력은 지나친 남성성을 제어할 수 있는 좋은 수단인 동시에 사회적으로 남성성을 정의하는 표준으로 자리 잡았다. 심지어 뛰어난 지도자라면 꼭 갖춰야 할 미덕으로 여겨졌다.

고대 그리스 시대를 다루면서 말했듯, 지나치게 충동적인 남자는 야수와 다를 바 없었다. 중세에 들어서면 여러 문학작품에서 늑대인간이나 야수로 변한 남자lycanthrophy라는 설정으로 지나친 남성성을 은유하기 시작한다. 작가 레슬리 던튼다우너Leslie Dunton-Downer는 동물로 변신하는 인물은 대개 남성이며 늑대인간이 가장 대표적이라고 했다. 문학작품에서 여성 늑대인간은 매우 드물다. 늑대인간이 보여주는 위험성, 사회적 피해 등은 남성 고유의 특징으로 여겨졌기 때문이다. 야수로 변신하는 인간의 기원은 바이킹의 '베르세르크'로, 앞서 살펴봤듯이 그들은 전투

할 때 곰 등 짐승 가죽을 뒤집어쓰고 포효하며 사기를 올렸다.[11] 잉글랜드 헨리 2세 궁정에서 활동했다고 알려진 시인 마리 드 프랑스Marie de France의 작품에도 남자가 동물로 변하는 이야기가 많은데, 〈요넥Yonec〉이나 〈늑대인간Bisclavret〉 등이 대표적이다. 〈요넥〉은 매로 변신한 왕자와 정략결혼 때문에 갇혀 있는 여자 주인공 사이의 사랑 이야기다. 〈늑대인간〉은 늑대인간인 남편이 아내에게 배신당한 후 결국 복수에 성공하는 이야기다.[12] 재미있는 것은 마리 드 프랑스의 작품에서 남자는 동물로 변한 후에도 여전히 용기, 충성심, 굳센 의지 등 완벽한 기사의 특징을 겸비한다는 점이다. 어쩌면 이런 인물은 현실에는 존재하지 않는 이상적 사랑을 추구하는 여성의 마음을 담은 것이 아닐까? 현실 속 기사는 기사문학에 나오는 것처럼 완벽하지 않았다. 오히려 폭력적이고 거친 무뢰배에 가까웠다. 그래서 작가들은 동물 이미지를 빌려와서 이상적인 기사도 정신을 표현하려 했는지도 모른다.

남성은 응시한다: 감상의 대상인 여성

여성은 기사도 정신, 기사문학에서 매우 중요한 요소다. 궁정문학에 주로 등장하는 궁정 연애courtly love는 사실상 기사도 정신의 주요한 근간을 이루었다. 궁정문학은 프랑스에서 기원했으며, '로맨스romance'라는 단어는 소설이나 이야기를 가리키는 옛

14세기 초에 제작된 마네세 필사본Codex Manesse 삽화 중 마상 창 시합

14세기 초에 제작된 마네세 필사본Codex Manesse 삽화 중
귀족 여성의 마음을 얻은 기사

프랑스어 romanz에서 파생되었다. 유명한 궁정문학 작품으로 『아서 왕의 죽음Le Morte Darthur』, 『롤랑의 노래The Song of Roland』 등이 있는데, 전부 고상한 기사를 주인공으로 하여 그가 각종 모험을 겪은 후 사랑하는 여인(대개 공주)과 결혼하는 이야기다. 역사적으로 궁정 연애와 기사문학의 유행을 언급할 때 유명한 사람은 알리에노르 다키텐 왕비다. 다키텐은 기사문학 풍조를 잉글랜드에 가져온 장본인이었다. 기사문학에서 여성은 절대 없어서는 안 될 요소다. 15세기에 『아서 왕의 죽음』을 쓴 토머스 맬러리 경Sir Thomas Malory은 기사 간 분쟁이 발생했다면 반드시 중간에 여성이 끼어 있다고 했다. 기사는 사랑하는 사람을 위해서 싸우기 때문이다.[13] 맬러리 경의 이런 논평이 내포하는 의미는 남성 간 순결한 우정에 문제가 생기는 경우는 오로지 여성 때문이라는 것이다. 이런 생각은 『아서 왕의 죽음』에서 아서 왕과 기사 랜슬럿 사이에 불화가 일어나는 것은 귀네비어 왕비 때문이라는 내용으로 반영되었다. 그런데 이런 생각은 여성을 재앙의 씨앗으로 보는 시각에서 나온 것일까?

꼭 그렇지만은 않았다.

기사문학이 제창하는 것은 영주의 아내를 사랑하라는 것이었다. 말하자면 기사가 섬겨야 할 안주인이 여주인공인 셈이다. 그리고 우리가 아는 한 많은 기사가 영주의 아내를 수호하는 임무에 충실했다. 그 여성이 이미 한 남자의 아내였음에도 보답을 바라지 않은 채 지키고 사랑하는 것이다. 이처럼 안주인을 사랑하는 분위기는 어떻게 시작되었을까? 더블린 트리니티칼리지의 루스 마조 카라스Ruth Mazo Karras 교수가 몇 가지 해석을 내놓았다. 첫째, 기사가 안주인을 사랑하는 것은 사실상 영주를 향한 동성애적 사랑에서 비롯한다. 하지만 동성애를 금지하는 그리스도교 세계에서는 그 방향을 약간 바꾸어서 영주가 사랑하는 안주인을 지키는 것으로 표출된다.[14] 둘째, 신분이 높은 여성을 마음에 품는 것은 향상심의 발로라는 것이다. 영예를 추구하는 기사로서 고귀한 신분의 여성에게 인정받는 모습을 보여주는 것은 자신이 다른 남자들보다 뛰어나다는 것을 증명해준다.[15]

나는 두 번째 해석이 좀 더 설득력 있다고 생각한다. 기사에게 제일 중요한 마상 창 시합은 실제로 '남성 응시' 유희였다. 이때 유희를 구경하러 온 관중은 대부분 여성 귀족이다. 경기장에서 남성은 자신의 무력을 과시하지만 실제로는 다른 남성 앞에서 여성의 마음을 얻는 모습을 뽐내는 것이 목적이다. 전통적으로 관중석에 앉은 귀족 여성은 마지막으로 승리한 남성의 뺨에 입을 맞춘다. 이는 승리자가 무력과 사랑 모두에 있어서 다른 남성보다 우월하다는 것을 증명하는 방식이다. 여성 관중은 승리자가 여성의 마음을 빼앗아가는 것을 보여주기 위해(즉, 다른 남성 앞에서 자기 남성성을 과시하기 위해) 존재한다.[16]

오늘날 우리는 기사도 정신을 남녀 관계에서만 사용한다. "이 남성은 저 남성에게 기사도를 발휘했다"라고는 말하지 않는다. 여성이 남성성을 증명하는 데 얼마나 중요한지를 잘 보여주는 예시다. 다음 글에서는 남성성 중에서도 가장 원시적이며 남성이 무엇보다도 불안해하는 부분인 '여성에 대한 성적 지배'를 살펴보겠다.

1 Sarah K. Douglas, 'Review: Chivalry in Medieval England', see 'The Ohio State University', last accessed on 5 June, 2021,
https://origins.osu.edu/review/knighthood-it-was-not-we-wish-it-were

2 Geoffroi de Charny, Handbook of Chivalry, the 15th century. See Ruth Mazo Karras, From Boys to Men: Formations of Masculinity in Late Medieval Europe (University of Pennsylvania Press, 2002), 36.

3 Karras, From Boys to Men, 28-29.

4 Ibid., 20-65.

5 Ibid., 37-39.

6 Ibid., 61.

7 Richard W. Kaeuper, Chivalry and Violence in Medieval Europe (Oxford: Oxford University Press, 1999), 3.

8 Karras, From Boys to Men, 39.

9 Ibid., 40.

10 Bonnie Wheeler, 'Masculinity in King Arthur: from Gildas to the Nuclear Age,' Quondom et Futurus, 2.4 (1992), 1-26.

11 Leslie Dunton-Downer, 'Wolf Man,' in Becoming Male in The Middle Ages, ed., Jeffrey J. Cohen and Bonnie Wheeler (New York: Garland Publishing, 1997), 203-218.

12 Harriet Spiegel, 'The Make Animal in the Fables of Marie de France', in Regarding Men in The Middle Ages, 111-126.

13 Charles Moorman, 'Courtly Love in Malory,' English Literature History, 27.3 (1960), 163-176.

14 Karras, From Boys to Men, 50-53. 이런 해석에 동의하는 학자로는 마르첼로 니치아Marchello-Nizia가 있다.

15 Ibid.

16 Ibid., 47-57.

성기능 장애로 인한 고민

: 법정에 선 중세 남자

남성성의 지배권 가운데 여성을 성적으로 지배하는 것은 가장 원시적이고 또한 가장 쉽게 생물학적 방식으로 자기가 남성임을 증명할 수 있는 방법이었다. 고대 그리스·로마와 바이킹을 다룬 글에서 성행위의 삽입과 피삽입으로 대표되는 상징성을 살펴본 바 있다. 삽입하는 자는 지배자의 우월한 지위를 누린다. 그러므로 절대로 삽입하는 자가 될 수 없는 여성은 영원히 남성보다 지위가 낮은 피지배자 위치에 있을 수밖에 없다.

　성행위부터 일상생활의 많은 측면에서 남성은 당연하게도 지배자 자리를 차지했으나 그런 남성을 예로부터 끊임없이 괴롭힌 문제가 하나 있다. 바로 '성적 능력'이다.

　여성에 대한 성적 지배권으로 남성이 우월함을 유지하는 한 성적으로 기능하지 못하는 남성은 모두 '여성화' 혹은 '남성이라고 불릴 수 없는 자'라는 꼬리표가 붙는 셈이다. 그래서 중세 성직자는 교회 개혁 이후 새롭게 '진성한 남성'을 증명하는 이론을 내세웠다. 세속적인 시각에서 보면 성직자는 무기도 들지 않고 글만 베껴 쓰면서 여자와 성행위도 하지 않는데다 정치 참여도 금지되었으니 '여성화'되었다고 보일 것이기 때문이었다. 여러 계급의 남성은 각기 남성성을 표출하는 방식이 다른데, 지위가 높을수록 그 방식이 다양하다. 귀족은 마상 창 시합을 하거나 정치에 참여해서 권력을 강화할 수 있다. 하지만 평민은 여성을 성적으로 지배하는 것만이 자기 남성성을 표출하는 방법이었다. 그래서 중세 남성은 성기능을 몹시 중요하게 여겼고, 상상 이상으로 광범위하게 이에 대한 토론이 이루어졌다.

성기능을 잃으면 이혼

그리스도교에서는 성행위가 법률이 정한 틀 안에서, 즉 합법적인 결혼생활 안에서만 이루어져야 한다고 규정했다. 혼외 성행위는 그리스도교에서 볼 때 허가되지 않은 것이었다(매춘부와의 관계는 예외). 그래서 사람들이 유일하게 성애를 즐길 수 있는 방식은 결혼뿐이었다. 혼전 성행위를 금지하는 교리 때문에 결혼은 남성에게나 여성에게나 '위험'을 감수해야 하는 일이었다. 현대인처럼 결혼 전에 서로 잘 맞는지 알아볼 길이 없으니 말이다. 남성은 이런 면에서 상당한 스트레스를 받았다. 남성의 성기능이 결혼생활의 만족도를 좌우한다고 생각했기 때문이다. 여성은 '택배 상자를 열어보니 불량품이었다' 같은 상황이 닥칠까 봐 두려워했다. 남편이 발기부전 등으로 가장 원시적이며 생리적인 기능을 행사하지 못한다면 자식을 낳아 대를 이을 수도 없었다. 이런 상황에서 여성은 어떻게 자신의 처지를 해결했을까? 중세에는 이혼이라는 개념이 없었다(혼인 무효만 가능했다). 결혼하면 한쪽이 사망할 때까지 효력이 유지된다. 영미권에서 결혼 서약을 할 때 "죽음이 우리를 갈라놓을 때까지until the death do us apart"라고 하는 것처럼 말이다. 혼인 무효를 청구하려면 중혼, 근친 간 결혼, 종교적 문제(사제나 수녀가 된 경우), 한쪽 또는 쌍방이 원하지 않은 결혼, 미성년 결혼, 비밀 결혼, 가짜 결혼, 그리고 성기능 문제여야 했다.[1]

이런 혼인 무효 조건은 남녀에게 모두 적용되지만, 성기능 문제는 주로 남성과 관련되었다. 12세기 교회법전 『그라티아누스 교령집Decretum Gratiani』에서는 가상의 안건을 통해 이 문제를 다음과 같이 다루고 있다. 한 여성이 결혼 후 남편이 발기하지 못해 성행위가 불가능함을 알았다. 그래서 교회법원에 혼인 무효를 신청했다. 법원은 이를 받아들이고 그 여성은 재혼했다. 하지만 남편은 이를 받아들일 수 없었다. 그래서 유명 의사를 초청해 발기부전을 치료했다. 이후 다시 법원에 소송을 제기했다. 법원은 남편의 성기능이 정상임을 확인했다. 남편의 성기능이 회복되었으므로 법원은 여성의 재혼이 무효라고 선언했다. 여성은 전 남편에게 돌아가야만 했다. 두 사람은 원래대로 혼인관계를 회복했지만, 여성은 그 이후 다시는 성애의 쾌락을 누리지 못했다. 왜냐하면 남편이 자신에게 치욕을 준 아내를 벌하기 위해 평생 정결을 지키겠다고 맹세한 탓이었다.

이 가상 안건을 더욱 잘 설명하기 위해 교회법전에는 삽화도

실려 있다. 발기부전이던 남편은 아랫도리를 벗은 채 우울한 표정으로 서 있고 그의 생식기는 아무 힘도 없어 보인다. 그 뒤에는 두 명의 여자가 서 있는데, 남편의 음경이 정상적으로 발기하는지 검사하는 듯하다. 삽화만 보아도 성행위가 불가능함을 알 수 있다. 그러나 성기능이 정상적인 남자라도 법정에서 바지를 벗고 검사를 받아야 한다면 쉽게 발기하지는 못할 것 같다.[2]

실제로 남편의 성기능을 검사하는 과정은 부부가 같이 방에서 성행위를 하려고 할 때 '현명하고 신실한 여성'이 확인하는 것으로 진행되었다. 그렇다면 현명하고 신실한 여성은 누구였을까? 우선 나이가 많을 것 같은 느낌이다. 확실히 그렇다. 성기능을 검사하는 여성은 나이가 많은 기혼 여성이거나 과부, 아내의 가까운 지인 등이었다. 하지만 재클린 머리는 이런 검사를 담당하는 여성 중에는 성노동자가 적잖았다고 지적했다. 그들은 남성 신체에 누구보다 익숙한 사람이기 때문에 이론적으로 가장 정확한 증언을 할 수 있다고 보았다.[3] 검사를 담당할 현명하고 신실한 여성의 숫자는 정해져 있지 않았으며 어떤 때는 열두 명이나 되었다. 영국 역사가 헨리에타 레이저Henrietta Leyser의 연구에 의하면, 1292년 캔터베리에서 있었던 비슷한 안건에서 여성 열두 명을 초청해 피고가 발기할 수 있는지 없는지 검사했다. 또 1433년 요크에서 제기된 소송 기록에서는 법정이 여성 열두 명을 불러 존이라는 남자의 음경을 검사했다고 되어 있다. 이들 여성은 법정에서 증언하기를 아내가 존 앞에서 가슴을 완전히 드러내고

13세기 말에 제작된 필사본 삽화 중 발기부전 테스트 장면

따뜻한 손으로 그의 음경을 주물렀다고 했다. 그러는 동안 아내는 계속해서 존에게 입을 맞추고 포옹했다고 했다. 그리고 "남자도 아니다"라는 등 존을 모욕하는 말도 중간 중간 끼워 넣었다고 했다. 존의 음경은 이 모든 과정에서 전혀 늘어나거나 줄어들지 않았고 시종일관 3인치 길이를 유지했다. 그러니까 존은 발기하지 못했다는 것이다.[4]

현명하고 신실한 여성 외에 당사자의 지인이 증인으로 나서기도 했다. 1433년 요크에서 제기된 또 다른 성기능에 관한 안건을 보자. 원고 캐서린은 남편 윌리엄을 발기부전으로 고소하며 혼인 무효를 요청했다. 교회법정이 열렸을 때 열두 명보다 훨씬 많은 증인이 왔는데, 이들은 검사를 담당하는 여성 외에 윌리엄의 가까운 지인이 포함되어 있었다. 윌리엄의 친구들은 그들이 윌리엄의 음경을 비밀리에 검사했으며 아무 문제도 없었다고 증언했다. 친구들 사이에서 가장 길고 강력한 음경이라고 소문이 났다고도 했다. 또 어떤 친구는 자신이 아이 열 명을 낳아 키우는 아버지라며 자신의 강력한 성기능을 암시한 다음 윌리엄의 성기능이 절대 자신보다 뒤처지지 않는다고 증언했다. 그밖에도 몇몇 현명하고 신실한 여성은 윌리엄의 성기능이 만족스러운 수준이라고 했으나, 또 다른 현명하고 신실한 여성은 윌리엄의 음경이 전혀 발기하지 못했다고 했다. 그녀가 애무해도 윌리엄은 아무 반응이 없었다는 것이다. 그때 윌리엄의 친구는 즉각 반박하면서 당신의 손이 너무 차가웠던 게 아니냐고 했다. 한편으로는 캐서린도 현명하고 신실한 여성의 검사를 받았다. 현명하고 신실한 여성은 일치된 의견을 내놓았는데, 캐서린의 가슴에 붉은색 튼살 자국이 있는데 임산부의 흔적과 비슷했다고 했다. 이는 캐서린이 처녀가 아니라 '더럽혀졌다corrupted'는 암시다. 다만 성행위 대상이 윌리엄인지 다른 남성인지는 알 수 없다. 다만 성행위는 오직 결혼생활에서만 허락되므로 캐서린과 윌리엄 사이에 성행위가 있었다고 추론할 수 있다. 즉 캐서린이 제기한 윌리엄이 발기하지 못한다는 소송이 가짜라는 뜻이다.[5]

이 사건은 윌리엄의 성기능 논쟁에서 멈춘 채 그 이후 기록은 남아 있지 않다. 안건이 사라지거나 기록이 누락되는 등의 일은 흔했다. 법정까지 가기 어려워서 출두하지 못했거나 사적으로 합의를 마치는 등 원인은 다양했다. 소송 결과를 알 수 없는 것은 아쉽지만, 이 안건에서 보듯 남성의 발기부전은 많은 사람의 검증을 거쳐야 하는 문제였고 남성뿐 아니라 여성도 정절 검사를 받아야 했다. 이혼 개념이 없었기 때문에 혼인 무효는 매우 엄중한 일이었으며, 신중한 검사를 통해 원고와 피고 쌍방의 의도와 진실을 가려내야 했다.

지금까지 소개한 소송 안건을 통해 중세인이 발기부전 문제를 어떻게 바라보았는지 대체로 이해했으리라 본다. 중세인은 발기부전이 남자만의 문제라기보다 부부 쌍방에 책임이 있다고 보았다. 확실한 것은 남편이 발기하지 못할 경우 아내가 남편을 너무 압박했기 때문이라거나 애초에 아내가 처녀가 아니었다는 등 여러 이유로 아내에게 책임을 묻기도 했다. 따라서 성기능 검사는 부부 두 사람이 최선의 상황에서 성행위를 시도하고 그것을 검증해야 했다. 12세기 수도사 초범의 토머스Thomas of Chobham는 '침실 검사Bedroom Trial' 풍습과 규정에 대해 이렇게 기록했다. '부부 두 사람은 먼저 배불리 먹고 마신 후 침대에 누워 관계한다. 현명하고 신실한 여성이 며칠간 부부 두 사람에게 이 과정을 반복하도록 지시하는데, 남편의 음경이 계속해서 정상적으로 성기능을 발휘하지 못하면 부부는 교회법에서 규정한 대로 헤어질 수 있다.'[6] 또한 14세기 프랑스 의사 기 드 숄리아크Guy de Chauliac는 현명하고 신실한 여성이 부드러운 태도로 부부의 성행위를 인도해주어야 한다고 했다. 먼저 부부 두 사람이 따뜻한 화로 근처에서 서로 오일 마사지를 해주면서 대화를 나누고 포옹한다. 그런 다음 현명하고 신실한 여성이 부부의 성행위 과정을 지켜보면서 의사에게 증언해야 한다는 것이다.[7] 숄리아크의 서술을 보면 당시 사람들도 불안과 긴장이 발기부전의 주요 원인이라는 것을 알고 있었다. 그래서 남성의 성기능을 검사할 때는 부부가 최대한 긴장을 풀도록 유도했다.

숄리아크는 또 의사가 현명하고 신실한 여성의 증언을 청취할 때 주의할 점도 서술했다. 여성들의 증언을 반복해서 확인한 후에야 의사는 법정에서 남편의 발기부전을 선언할 수 있었다. 의사는 오류를 범하거나 불성실한 증언 혹은 나쁜 계략을 피하기 위해 노력해야 한다. 의사는 환자가 발기부전임을 하루만에 진단

할 수 없다. 당연히 여러 날 관찰해야 하며, 성행위 성공 여부가 그날의 심신상태와 어떻게 관련이 있는지 살펴야 한다.

이상의 기록을 살펴보면, 부부가 긴장을 풀고 성행위에 실패하지 않도록 현명하고 신실한 여성이 유도해야 한다고 여겼음을 알 수 있다. 한편 남성 음경을 검사하는 동시에 여성 처녀막이 온전한지도 검사했다. 여성 처녀막이 온전하지 않다면 혼전 성행위가 금지된 세상이었으므로 남편과 성행위를 했다고 볼 수 있으며, 남편의 음경이 아내의 처녀막을 훼손할 정도로 발기할 수 있다면 아내가 제기한 남편의 성기능 관련 소송은 가짜일 것이기 때문이었다.[8]

남편의 발기부전을 이유로 부부가 헤어지는 것을 막는 가장 좋은 방법은 발기 문제를 해결하는 것이다. 중세 의사들은 발기부전 원인을 찾아내려 애썼으며, 남성 불임과 발기부전을 구분해서 인식했다. 당시 의학 이론인 체액론에 따르면, 남성의 신체와 체액은 따뜻해야 한다. 또 성기능으로 구분하면 남성은 다음 네 가지로 분류된다. 첫째, 체액이 따뜻하고 습하다sanguine. 이런 남자는 성욕이 강하고 성기능도 뛰어나다. 둘째, 체액이 따뜻하고 건조하다choleric. 이런 남자는 성욕은 강하지만 성기능이 약하다. 셋째, 체액이 차갑고 습하다phlegmatic. 이런 남자는 성욕은 약하지만 성기능이 좋다. 넷째, 체액이 차갑고 건조하다melancholic. 이런 남자는 성욕도 약하고 성기능도 좋지 않다. 네 번째에 해당하더라도 반드시 발기부전인 것은 아니다. 의사는 음경의 외형을

14세기에 제작된 필사본 삽화 중 나무에서 남성 성기를 따는 수녀들

보고도 발기가 되지 않을 확률이 높은지 낮은지 판단할 수 있었다. 예를 들어 체모가 적은지, 피부가 차가운지, 혈관이 가는지 등을 살핀다. 이런 방법으로 가능한 발기부전 문제를 해결하려 했다.[9]

그래도 원인을 찾지 못하면 어떻게 했을까?

많은 경우 의사들은 발기부전의 원인을 초자연적 힘에서 찾았다. 주로 마법이나 마녀가 자주 희생양이 되었다. 중세인은 마녀가 남성 생식기를 아예 없앨 수 있다고 믿었다. 또한 마녀는 크고 작은 남성 성기를 수집해 나무에 매달아 놓는다고 했다. 그러면 여성이 마음에 드는 성기를 사 간다는 것이다.[10] 이는 당시 남성이 자신의 생식기와 성적 능력이 어느 날 갑자기 사라질까 봐몹시 근심했음을 보여주는 사례다. 그들은 성기를 잃으면 남성 자격도 사라진다고 믿었다.

남자는 따뜻하고 여자는 차갑다
: 중세의 남녀 정자 이론

의학이 발달한 오늘날과 달리 중세 남성은 발기가 되지 않으면 당장 남성적 가치를 잃는다고 여겼다. 결혼을 할 수도 없고 자식을 가질 수도 없다고 말이다. 이는 곧 자신이 가장으로서 지배 체제를 만들 수 없다는 뜻이며 사회적으로 불합격자라는 의미였다. 당시 그리스도교에서 성행위를 엄격히 규범화하기는 했어도 성행위를 통한 쾌락은 인정했다. 결혼생활에서 성적 쾌락은 중요한 문제였는데, 오르가슴을 느껴야 여성이 임신할 수 있다고 믿었기 때문이다. 중세 그리스도교에서는 혼인 상태를 유지하는 세 가지 측면을 충성심, 자녀, 신성함이라고 보았다.[11] 성적 쾌락을 느끼지 못하면 임신할 수 없다고 생각했기 때문에 많은 여성이 곤경에 빠졌다. 강간당한 여성이 임신을 하면 법정에서 정의를 주장할 수 없었기 때문이다. 임신했다는 것은 그 성행위에서 오르가슴을 느꼈다는 뜻이고, 성적 쾌락을 누렸다면 강간이 성립하지 않았다. 또한 성행위는 남편 입장에서 하지 않으면 안 되는 숙제 같은 일이기도 했다. 아내를 만족시켜야 해서 그런 것이 아니라 아내의 건강을 위해 반드시 잠자리를 해야 했다. 중세 의학 이론에서는 여성이 성적 쾌락을 느끼면 체내 노폐물이 배출된다고 생각했다. 노폐물이 체내에 쌓이면 여성이 미치광이가 된다고 믿었다. 미국 역사가 번 불로Vern L. Bullough는 중세 의사들이 고대 그리스·로마 시대 의학 이론을 근거로 남성 정액은 습하고 따뜻한 성질이라 여성의 차갑고 묽은 체액을 데워준다고 여겼다고 말했다. 중세인은 남녀 체액이 결합하면 여성이 미치광이가 되는 것을 막아줄 뿐 아니라 임신하여 태아를 만드는 데도 핵심적인 역할을 한다고 보았다. 왜냐하면 남성 정자는 직선으로만 전진할 수 있고 다른 방향으로 움직이지 못해서 여성 체액의 도움을 받아야 난자가 있는 곳까지 도달할 수 있다고 생각했기

때문이다.[12]

　이런 이론을 살펴보면 성행위는 기본적으로 쾌락을 주고 대를 이을 수 있으며 배우자가 미치는 것을 방지하는 세 가지 이유에서 필요했다. 따라서 중세 남성에게 성행위는 압박감이 심한 일이자 책임지고 해내야 할 과제였다. 번 불로는 이를 바탕으로 좀 더 확장된 해석을 내놓았다. 즉, 임신의 전제조건이 여성의 오르가슴이라면 남성은 반드시 여성을 기쁘게 해주어야 한다. 당연히 성교 전 전희에도 많은 시간을 들여야 했다. 그게 다가 아니었다. 자식의 성별은 남편 정자가 얼마나 강한지에 따라 정해진다고 보았다. 아들을 낳으면 남편 정자가 강한 기질을 가져서 여성 체액을 억눌렀기 때문이었다. 반대로 딸을 낳으면 남성 정자가 여성 체액에 '패배'한 것이었다. 그러니 딸을 낳은 아버지는 '그다지 남자답지 못하다'는 꼬리표가 붙는다. 딸이 아버지의 외형적 특징을 닮는다면 남자로서 그럭저럭 받아들일 수 있다. 가장 나쁜 상황은 딸이 아버지를 닮지 않는 것이다. 자신의 정자가 아내의 체액에 포위당해 맥없이 패했다는 것을 온 세상에 알리는 것이나 다름없었기 때문이다.[13]

　정자에 대한 이런 생각을 살펴보면, 남성성이 강한지 약한지 판별하는 기준이 정말 다양했음을 알 수 있다. 중세 남성은 옷을 벗기 전에 자신이 잘하지 못하면 아내가 미칠 수 있다고 걱정하고, 아내에게 오르가슴을 선사하지 못하면 임신이 되지 않을까 봐 걱정하고, 혹시라도 딸을 낳아서 이웃에게 비웃음을 살까 봐 걱정했을 것이다. 여성이 태생적으로 결함을 지닌 '하자품'이라면, 남성은 태생적으로 너무 많은 책임과 스트레스에 노출되어 있었다. 그러니 '침실 검사'에서 현명하고 신실한 여성들이 긴장을 풀게 도와주는 임무는 무척 중요한 역할이었을 테다.

남근숭배와 남성의 성적 능력은 가부장제 사회를 지탱하는 중요한 기반이다. 그리고 이런 이론은 고대 그리스·로마 시대에 등장한 남근숭배 사상 및 체액론을 바탕으로 했다. 남성 정자는 귀하므로 낭비해서는 안 된다. 따라서 함부로 자위를 해서도 안 되고 과도한 성행위도 좋지 않다. 그들은 여성에게도 정자가 있다고 믿었는데(여성의 정자는 월경을 가리킨다) 여성의 정자는 위험한 것으로 보았다. 그래서 매달 치명적인 정자를 몸 밖으로 배출한다고 말이다. 여성 정자가 그렇게나 치명적이라면 월경을 만진 사람도 위험할 것이 분명하다. 로마 시대 학자 플리니우스 Gaius Plinius Secundus가 쓴 『박물지Natural History』에는 여성의 월경이 농작물을 시들게 하고 좋은 술을 산폐시키며 꿀벌을 죽이고 개를 광견병에 걸리게 한다고 적혀 있다. 월경을 만졌을 때 생기는 위험한 일이 이렇게나 많았다. 이런 생각은 남성이 여성보다 존귀하고 우월하다고 믿게 된 원인이기도 했다. 남성 정자는 만물 생명의 원천으로, 여성 정자처럼 무시무시한 독극물이 아니니까 말이다. 여성은 습하고 차가운 체질이라 성격이 교활하고 성욕이 강하다고 생각했으며, 본질적으로 여성이 남성보다 성적 욕구가 크다고 여겼다. 이런 이론은 『성경』 '창세기'에서 하와가 아담을 유혹해 선악과를 먹게 한 것과도 일맥상통한다. 여성은 원래부터 거짓말에 능숙하니 믿을 수 없다는 생각 말이다.

1 'Feminae: medieval women and gender index', last accessed on 4 June, 2021, https://inpress.lib.uiowa.edu/feminae/DetailsPage.aspx?Feminae_ID=40908

2 Ibid.

3 J. Murray, 'On the Origins and Role of "Wise Women" in Case of Annulment on the Grounds of Male Impotence', Journal of Medieval History, 16 (1990), 243.

4 Henrietta Leyser, Medieval Women: A Social History of Women in England 450-1500 (Weidenfeld & Nicolson, 1995), 116.

5 Bronach Kane, Impotence and Virginity in the Late Medieval Ecclesiastical Court of York (York, 2008), 25-27.

6 Ibid., 115-116.

7 Vern L. Bullough, 'On Being a Male in the Middle Ages', in Medieval Masculinities, 42.

8 Leyser, Medieval Women: A Social History of Women in England 450-1500, 114-117.

9 Vern L. Bullough, 'On Being a Male in the Middle Ages', in Medieval Masculinities, 42.

10 Moria Smith, 'Flying Phallus and the Laughing Inquisitor: Penis Theft in the Malleus Maleficarum', Folklore Research, 39.1 (2002), 85-117.

11 Leyser, Medieval Women: A Social History of Women in England 450-1500, 115.

12 Bullough, 'On Being a Male in the Middle Ages', in Medieval Masculinities, 39-40.

13 Ibid.

14세기 ~ 17세기

팔방미인
: 르네상스와 이상적인 남성 이미지

중세와 근세를 잇는 다리는 바로 르네상스Renaissance 시대다. 르네상스가 없었다면 근대 종교개혁, 계몽주의, 산업혁명 등은 일어날 수 없었다. 14세기에서 17세기까지 이어진 이 시기를 왜 특별히 '르네상스'라고 지칭할까? '르네상스'는 '부활, 재생'을 의미한다. 즉, '르네상스'는 고대 그리스·로마 시대에 대한 관심이 되살아난 이 시대 문화의 특징을 대표하는 단어다. 이 시기에 가장 중요하게 제창된 것은 인간을 우주의 중심으로 보는 인문주의humanism였다. 하지만 이런 사상이 유행했다고 해서 종교를 버린 것은 아니었다. 종교는 여전히 유럽인의 생활을 지탱하는 구심점이었다. 다만 종교 외에도 인간의 능력이 미치는 범위가 확장되기 시작한 것이다. 이 시기에 구텐베르크 인쇄술이 발달하면서 서적이 보급됨에 따라 지식 전파가 빨라졌다.

그렇다면 이런 변화가 남성성 정의에는 어떤 영향을 주었을까?

이상적인 남성: 팔방미인

르네상스는 인간 능력을 최대로 키워야 한다고 강조하는 시대였다. 그래서 이 시기 사람들은 여러 분야의 지식을 폭넓게 갖춘 '박학다식한 사람polymath'이 되고자 했다. 이 말에는 르네상스 시대 남성에게 기대하는 바가 담겨 있다. 무엇이든 할 수 있는 남자. 이와 같은 전천후 인재가 되려면 다양한 방면의 지식을 습득하는 것은 물론 신체적으로도 강인해야 했다. 사실상 르네상스 시대 남성성 표준은 고대 그리스와 많은 부분에서 비슷하다. 르네상스인은 옛 그리스·로마 시대 지식과 학문을 연구하는 데 관심이 많았기 때문이다. 그래서 이 시기에는 남성에게 박식함, 언변, 사교술 등을 요구했다. 물론 건강하고 아름다운 신체 역시 추앙받았다.

이런 풍조는 인문학자 레온 바티스타 알베르티Leon Battista Alberti의 전기를 통해 살펴볼 수 있다. 알베르티는 르네상스 시대 다른 인문학자와 마찬가지로 다방면의 전문가였다. 예술가이자 건축가였고 시인, 사제, 언어학자, 철학자였다. 말하자면 르네상스 시대의 전형적으로 이상적인 남성이었다. 박식하고 견문이 넓은 것 외에도 그의 전기에는 두 발을 묶고도 성인 남성의 키 높이만큼 뛰어오를 수 있을 만큼 신체능력이 훌륭했다는 기록이 전한다. 알베르티가 동전을 던지면 대성당 천장에 닿을 정도였다고 한다. 이런 기록이 사실인지 과장이 섞였는지 명확히 알 수 없지만 르네상스 시대 인문학자는 이렇게 팔방미인이어야 했다.[1]

레오나르도 다빈치Leonard Da Vinci의 유명한 소묘 작품 〈비트루비우스적 인간Vitruvian Man〉을 살펴보자. 작품 하단에 다빈치

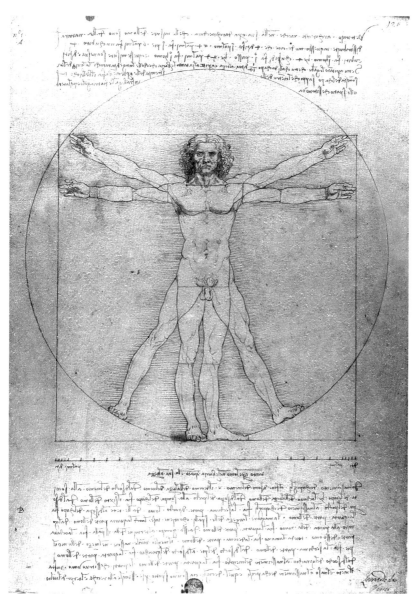

레오나르도 다빈치, 〈비트루비우적 인간〉, c. 1490, 종이에 펜, 잉크,
34.4×24.5cm, 아카데미아 미술관, 베네치아

가 인체의 황금비율을 묘사했는데, 팔을 활짝 벌린 길이가 키와 같아야 하고, 머리 비율은 반드시 키의 8분의 1이어야 하며, 어깨 넓이는 키의 4분의 1을 넘으면 안 되고, 가슴에서 머리까지의 높이가 키의 4분의 1이어야 한다는 등의 내용이다. 다빈치는 완벽한 인체 비율을 추구하면서 이 시대 여러 인문학자의 사상을 반영했다. 완벽한 인간을 추구하는 동시에 완벽한 아름다움을 추구한다는 것이었다. 그래서 각종 지식에 정통해야 했다. 살짝 발만 담갔다 빼는 것처럼 겉핥기로만 알아서는 어디 내놓을 수가 없었다.[2]

힘들지 않은 것처럼 보여라

하지만 무엇이든 잘하는 팔방미인이 되는 것은 쉬운 일이 아니다. 특별한 노력이 있어야 가능한 일이다. 그렇다면 르네상스 시대 사람들은 매일 책을 들여다보며 공부하는 남자를 높이 평가했을까? 발다사레 카스틸리오네Baldassarre Castiglione가 16세기에 쓴 『궁정론The Book of Courtier』을 보면 지위가 높은 남성은 마땅히 '스프레차투라sprezzatura', 곧 '아무리 어려운 일이라도 쉬운 것처럼 해내는 태도'를 길러야 한다고 했다.

현대적으로 비유해보자. 트렌디 드라마나 순정만화에 나오는 남자 주인공을 떠올리면 된다. 평소에는 놀기만 하는 부잣집 도련님이 알고 보니 고학력에 놀라운 지적 능력을 갖추고 있었던 것이다. 『궁정론』에서는 남성성의 극치가 바로 이런 태도에서 나온다면서 이런 특징이 여성의 마음을 사로잡는다고 했다. 그러면 이 책에서 제시하는 훌륭한 궁정 관료의 기준을 살펴보자. 완벽한 남성으로 평가받으려면 지식, 화술, 궁정 예법, 춤 등에 뛰어나야 한다. 궁정 관료는 무슨 일이든지 다 할 수 있어야 한다. 꽃, 무기, 음악에 정통해야 하고, 이러한 능력으로 주군이 올바른 선택을 하도록 조언할 수 있어야 한다. 궁정 관료일 뿐이지만 반드시 팔방미인이어야 했다.

대학생의 남성성과 혈기 방장함

13세기에 들어서자 대학이 급속도로 발전했다. 그 덕분에 남성에게 팔방미인, 즉 무엇이든 잘하는 사람이 되어야 한다는 요구가 더욱 강해졌다. 대학에 다니는 사람은 대체로 중간계급 혹은 귀족이었으며, 오히려 중간계급이 귀족보다 많았다. 지식이 대학이라는 기구를 통해 안정적으로 전파되는 한편 팔방미인의 이상적 남성성을 추구하던 경향은 뒤로 밀려났다. 루스 마조 카라스는 중세와 르네상스 시대 대학생을 통해 남성성이 어떻게 나타나고 있는지 살폈다. 젊고 패기 넘치는 남성은 대학에 들어가서 형제와 같은 유대감을 경험한다. 예를 들어 신입생으로 대학에

막 들어가자마자 일단 '신입생 환영회'에 초대된다. 환영회 내용은 대개 술을 마시고 취하거나 선배에게 농락당하는 것 정도다. 그러나 그 정도가 얼마나 심했던지 1447년 독일 에르푸르트대학에서는 환영회를 전면 금지할 정도였다고 한다. 대학생 생활은 지식을 습득하는 것만이 전부가 아니다. 그 외 남는 시간에는 대부분 술집에서 술을 마신다. 알코올은 남성이 우정을 쌓는 데 무척 중요한 역할을 했다(이런 점은 오늘날 대학생과 놀라울 정도로 닮았다). 그런데 알코올의 영향으로 싸움이나 말썽이 악화되기 일쑤인 게 문제였다. 당시 적잖은 대학생이 귀족 남성성을 모방하여 허리춤에 단검 등의 무기를 차고 다녔으며, 조금만 감정이 상해도 싸움을 벌였다. 루스 마조 카라스는 이런 싸움박질은 기사들이 벌이는 일대일 결투 정신과는 거리가 멀지만 청소년기에 귀족 남성의 결투에 담긴 영웅적 이미지를 따라했기 때문에 나타난 현상이라고 보았다.[3] 귀족계급을 모방하는 것은 당연히 싸움에 그치지 않았다. 대학생의 옷차림도 그랬다. 학생들은 화려한 옷감을 몸에 두르고 다녔고, 어떤 학생은 가족에게 "귀족과 비슷한 옷을 입는 데 돈을 쓰지 않고 그것으로 여자를 기쁘게 해주겠다"고 맹세하는 편지를 보내기도 했다.[4]

대학에 다니는 남성이 자신의 남성성을 확립하는 데 있어 무엇보다 중요하게 여긴 것은 여성과의 관계였다. 안타깝게도 남학생은 대부분 여성을 폄하하는 시선으로 바라보았다. 심지어 여성을 혐오하는 경우도 있었다. 대학에서 공부하는 것은 남성만 가지는 권리였기에, 대학에 입학한 것 자체가 남성이 사회에서 우월한 지위에 있음을 보여주는 증거였다. 그렇다고 해서 대학이 여성의 숨결이 전혀 없는 곳이었다는 뜻은 아니다. 사실상 남자 대학생 주변에는 대체로 매춘부가 있었다. 14세기 파리대학에서는 재미있는 현상이 있었다. 남자 대학생이 대학 건물 높은 층에서 강의를 듣는 동안 건물 1층에는 수업이 끝나기만을 기다리는 매춘부로 가득했던 것이다. 여성을 거절하는 대학생을 향해 매춘부들은 '동성애자'라며 조롱했다. 어떤 학생은 친구나 시험관에게 매춘부를 보내주고 원하는 결과를 얻기도 했다. 남자 대학생의 이런 생활을 보면, 그들의 여성 인식이 완전하지 못했음을 알 수 있다. 15세기에 수기로 쓴 기록이 남아 있는데, 이런 내용이 나온다. 어떤 남자 대학생이 마을 처녀를 쫓아다녔다. 친구가 그 처녀를 만나면 안 된다고 말리면서 이렇게 말했다. "우선 여자와 1시간 30분만 같이 있어도 그 후 2주 가까이 공부에 집중하지 못할 걸세. 게다가 그 처녀는 지금 월경기이니 치명적인 독성을 지니고 있을 것 아니겠는가. 또한 그 처녀는 지금 아버지가 누구인지 모르는 아이를 가졌기 때문에 자네를 아이 아버지로 만들 속셈이라네."[5] 마지막 이유를 제외하면 당시 남성이 여성과 관련해 알고 있는 의학적, 종교적 이론이 상당히 잘못되었다는 것을 알 수 있다. 대학생들은 너무도 쉽게 마을 여성을 추행하거나 강간하곤 했기에 마을 주민의 증오의 대상이 되기도 했다. 루스 마조 카라스는 대학이라는 남성만 모여 있는 환경이 남성성을

강화하고, 여성에 대한 남성의 이해도를 더욱 떨어뜨렸다고 지적했다.[6]

여성에 대한 이해도가 떨어지는 것은 여성을 '하자품'이자 부정한 존재로 여기는 중세 종교 이론 때문이었다. 종교 이론은 여성과 관련된 특성을 전부 더러운 것으로 치부했다. 마키아벨리가 쓴 『군주론Il Principe』에서는 운명을 여자와 같다고 표현한다. 그는 '운명을 영원히 잡아두고 싶다면 여자를 대하듯이 채찍으로 다스려라, 남자가 가진 힘과 폭력으로 여자(운명)를 제압하라'라고 했다. 미국 정치 이론가 해나 핏킨Hanna F. Pitkin은 마키아벨리가 쓴 여러 정치에 관한 책은 오로지 한 가지 핵심만 담고 있다고 지적한다. 바로 남자답게 행동하라는 것이다.[7] 뉴욕시립대학 교수 제리 밀리건Gerry Milligan 역시 마키아벨리는 남성성과 국가 정치 상황을 관련지어 이해했다고 본다. 마키아벨리는 이탈리아가 로마제국 시절의 영광을 잃어버리고 여러 나라로 쪼개진 것은 사회 전체가 '여성화'되었기 때문이라고 여겼다. 남성에게 속한 빛과 미덕이 점점 사라졌기 때문에 영광을 재현하지 못한다는 주장이었다.[8] 여러 시대의 많은 사상과 이론이 국가와 가정 사이의 관계를 논할 때도 남성과 여성의 성별로 비유한다. 가정 내에서 남편은 지고무상의 지배권을 가지는데 이는 사적 영역에 속한다. 공적 영역에서 통치자는 남성 역할을 하면서 신민(여성)을 지배한다.[9]

옷차림과 남성성

르네상스 시대 남성은 이전 시대 남성에 비해 외모를 통해 남성성을 드러내는 것을 좋아했다. 혹은 남성 복식와 여성 복식의 차이에 더욱 관심을 가졌다고 할 수 있다. 엘리자베스 커리어 Elizabeth Currier 는 르네상스 시대 피렌체를 중심으로 복식, 예의, 초상화 등을 통해 궁정문화가 어떻게 복잡한 정치적 흐름과 남성성을 보여주는지 연구했다. 화가 티치아노 Titian 가 1537년 무렵에 그린 우르비노 공작 프란체스코 마리아 델라 로베레와 공작부인 엘레오노라 곤차가의 초상화를 보면 당시 남성성을 어떻게 묘사했는지, 그리고 남성과 여성 역할에 사회적으로 어떤 요구가 있었는지 금방 알 수 있다.

프란체스코 공작은 교황청 용병대 대장이었다가 1508년부터 1516년까지 우르비노 공작을 지냈다. 티치아노가 그린 초상화에서 공작은 몸을 꼿꼿이 세우고 은은하게 빛나는 검은 갑옷을 입었다. 오른손은 군대를 지휘하는 듯한 동작을 보여주는데, 이는 그가 뛰어난 군사적 능력을 지녔음을 의미한다. 공작의 거칠지만 호방한 성격을 드러내는 수염은 성숙한 남성의 상징이다. 수염은 남성성으로 가득한 남자를 의미한다. 수염을 기르는 것은 소년이 남자로 성장했으며, 여성을 성적으로 지배할 수 있고 가정을 꾸려 자신의 가부장적 권리를 확립했음을 보여준다. 이에 비해 엘레오노라 공작부인의 그림은 앉은 자세이며 화면 전체의 색이

티치아노, 〈우르비노 공작 프란체스코 마리아 델라 로베레〉, c. 1537,
캔버스에 유채, 114×103cm, 우피치 미술관, 피렌체

티치아노, 〈우르비노 공작부인 엘레오노라 곤차가〉, c. 1537,
캔버스에 유채, 114×103cm, 우피치 미술관, 피렌체

부드럽다. 창가에는 온순한 강아지가 엎드려 있는데, 이것은 공작부인이 남편과 결혼생활에 순종한다는 뜻이다.

재미있는 점은 프란체스코 공작의 하반신에 있다. 자세히 관찰하면 큰 주머니가 둥글게 부풀어 있는 것이 보이는데, 이는 직접적으로 그의 성기를 연상하게 한다. 남성의 음경을 넣는 주머니 형태 보호대를 '코드피스codpiece'라고 했으며, 16세기에 크게 유행했다. 남성 복식에서 상의가 점점 짧아지면서 성기 부분이 바깥으로 드러났기 때문으로, 이를 해결하기 위해 성기를 가리거나 보호하는 코드피스가 만들어졌다. 이처럼 성기를 보호하는 복식 디자인은 병사의 갑옷에서도 쉽게 찾아볼 수 있다. 즉, 코드피스를 사용하는 것은 남성의 무력과도 큰 관련이 있으며 직접적으로 남성성을 드러내는 방식이다.[10]

플로리다주립대학 교수 빅토리아 바르텔스Victoria Bartels는 코드피스 외에 남성이 습관처럼 상의에 보충물을 넣은 것도 남성성 표출과 관련 있다고 지적했다. 가슴이나 복부가 더 두드러져 보이기를 바라서였다. 오늘날의 시선에서는 뱃살이 나온 것이 남성의 매력을 떨어뜨리는 요소지만, 르네상스 시대에는 이런 옷차림이 남성의 용맹함을 과시하는 것이었다. '피즈카드 벨리peascod belly'라고 불리는 이 옷을 입으면 가슴과 배가 완두콩처럼 볼록 튀어나와 보인다. 재미있는 점은 이런 복식 디자인이 성적으로 성숙했음을 의미한다는 사실이다. 이런 것으로 미뤄볼 때 옷차림 역시 남성성을 드러내는 방식의 하나였음을 알 수 있다. 남성이 가장 갈망하는 것은 군사적 능력과 성적 지배권이었고, 이 두 가지를 한눈에 보여주는 방식을 원했던 것이다.[11]

현대인의 미적 감각에서 코드피스나 피즈카드 벨리는 이상해 보인다. 하지만 지금까지도 남성에게 사랑받는 게 있다. 바로 검은색 옷이다. 중세부터 검은색은 중후함, 전문성 등을 의미하는 색으로 여겨졌다. 검은색은 남성성을 드러내기에 가장 적합한 색이었다. 당시 사람들은 검은색은 어떤 색을 섞어도 바뀌지 않기에 남성의 강인한 의지와 쉽게 변하지 않는 충성심을 대표한다고 여겼다. 또한 검은색은 신중함과 미니멀리즘을 표현하는 색이기도 했다. 미니멀리즘은 현대적인 관점이라고 생각할지 모르겠다. 하지만 엘리자베스 커리어는 다빈치가 쓴 『회화론Treatise on Painting』에 그가 살았던 시대 사람들이 화려하고 여러 색을 사용한 옷을 많이 입으니 자신은 검은색 하나로 지은 옷을 입겠다는 이야기가 나온다고 설명한다. 잉글랜드 관료이던 로버트 달링턴Robert Darlington은 1596년 이탈리아 메디치 궁정을 방문했을 때 검은색은 자제력과 교양이 있고 신중하며 집중력 있는 것과 같은 남성적 특질을 연상하게 한다고 언급했다. 실제로 검은색 옷은 남성의 미덕을 의미할 뿐 아니라 다른 사람에게 신뢰감을 준다고 믿었다. 상인도 검은색 옷을 즐겨 입었는데, 자신의 성실성과 신뢰도를 보여주기 위해서였다. 르네상스 시대에 검은색은 당연하게도 '가장 남자다운 색'이며, 화려한 색깔은 여성적인 특성을 대표한다고 여겨졌다. 또한 여성과 여성화된 남성만이 온갖

브론치노, 〈바르톨로메오 판차티키〉, c. 1540. 패널에 유채,
104×85cm, 우피치 미술관, 피렌체
피렌체 인문주의자이며 정치가인 바르톨로메오 판차티키가
검은색 옷을 입고 포즈를 취하고 있다.

색깔을 한 몸에 걸침으로써 자신의 변덕스럽고 이랬다저랬다 하는 성격을 드러낸다고 보았다.[12]

검은색이 남성의 색이 된 것은 남성성이 사라질 것을 두려워하는 마음 때문이었다. 르네상스 시대 사람들은 화려한 옷이 유행하는 것이 걱정스러웠다. 이런 유행이 남성을 여성화할까 불안해한 것이다. 엘리자베스 커리어의 연구에 따르면, 당시 젊은이 옷차림은 점점 과장되고 있었다. 지나치게 외모를 꾸미는 남자는 사회적으로 성적인 면에서 수동적, 말하자면 피지배자라고 여겨졌다. 그래서 젊은 남성이 화려한 옷을 입으면서 차차 남성성을 잃어버린 나머지 결국 피지배자가 될 것을 경계했다. 그러나 화려한 옷의 유행은 르네상스 시대 이탈리아에서 드문 일은 아니었다. 또한 외국과의 무역이 활발해지면서 섬세하고 아름다운 옷감이 많이 수입됨에 따라 사람들은 사치스러운 옷감을 더욱 쉽게 손에 넣을 수 있었다. 유럽 전체에 호화로운 옷차림이 유행하고 있었다. 그래서 사치를 금지하고 신분을 넘어설 정도로 화려한 옷을 입으면 안 된다는 규정을 만든 나라가 적잖았다. 엘리자베스 커리어는 화려함과 사치 풍조는 프랑스에서 시작되었다고 지적하면서, 목깃이 낮고 지나치게 장식이 많은 상의를 입으면서 남자들이 가진 원시적 남성성이 사라지기 시작했다고 보았다. 16세기 피렌체에서 활동한 작가 조반니 델라 카사Giovanni Della Casa는 『예의Galateo』라는 책에서 젊은 남성이 지나치게 눈에 띄는 바지를 입은 것을 비판했다. 그는 그런 바지를 '가니메데스 바지

BRAVO VENETIANO.

체사레 베첼리오가 1590년에 펴낸
세계 여러 지역의 의상 판화집 중 베네치아인의 화려한 옷차림

Ganymede's Hose'라고 조롱했다. 가니메데스는 그리스 신화에 나오는 미소년으로, 제우스가 그의 미모를 보고 독수리로 변해서 납치했다. 가니메데스는 르네상스 시대 여러 작품에서 동성애를 의미하는 인물로 쓰였는데, 조반니 델라 카사는 책에서 여성화되어 피지배자로 전락하는 젊은 남성을 비판하기 위해 사용했다.[13]

한편 미국 역사가 조앤 켈리Joan Kelly는 꾸미기를 좋아하는 남자 외에도 궁정 관료라는 신분이 '여성화'되었다는 공격을 받았다고 설명했다. 궁정 관료란 애초에 왕의 기분을 즐겁게 해주는 일을 하면서 다른 관료와 경쟁하는 사람이다. 그런 행동이 마치 왕의 총애를 다투는 여성을 닮았기 때문이었다.[14] 하지만 남성이 여성화되는 것과 관련된 불안은 르네상스 시기에만 나타난 현상이 아니었다. 고대 그리스에서는 법률로 동성애에 빠지지 못하도록 막으려 했고, 남성적 특성을 빼앗긴 중세 성직자는 아예 새로운 남성성 정의를 수립했다. 남성성이 사라질까 봐 걱정하는 일은 언제나 있었다. 이런 공포심은 오늘날에도 찾아볼 수 있다. 다만 시대별로 불안감의 원인이 다를 뿐이다. 남성이 여성화하는 것에 대한 두려움은 남성에게 지속적으로 새로운 스트레스를 주었으며 그들에게 끊임없이 도전 과제를 내주었다. 서로 다른 시대의 사회에서는 어떻게 하면 남성성을 강화할지를 두고 매번 다른 의견이 제시되었다. 시간이 흐르면서 남성에게 요구되는 것은 점점 많아졌고, 남성성 표준 역시 숨 막힐 정도가 되었다.

1 'Renaissance Man Journal', last accessed on 3 June, 2012, https://gainweightjournal.com/what-makes-a-renaissance-man/

2 Ibid.

3 Ruth Mazo Karras, 'Sharing Wine, Women, and Song: Masculine Identity Formation in the Medieval European UNiversities', in Becoming Men in the Middle Ages, ed., Jeffrey Jerome Cohen, Bonnie Wheeler (New York, London: Garland Publishing, 2000), 187-202.

4 Ibid., 189.

5 Ibid., 196.

6 Ibid., 194-198.

7 Hanna Pitkin, Fortune is a Woman (Chicago: University of Chicago Press, 1984), 293.

8 Gerry Milligan, 'Masculinity and Machiavelli: how a prince should avoid effeminacy, perform manliness, and be wary of the author', in Seeking Real Truth: Multidisciplinary Perspectives on Machiavelli, ed., Patrica Vilches and Gerald Seaman (Brill, 2007), 155-158.

9 Anna Becker, Gendering the Renaissance Commonwealth (Cambridge: Cambridge University Press, 2020), 179-221.

10 Victoria Bartels, 'What Goes Up Must Come Down: a brief history of codpiece', See 'Cambridge University Research', last accessed on 3 June, 2021, https://www.cam.ac.uk/research/features/what-goes-up-must-come-down-a-brief-history-of-the-codpiece

11 Ibid.

12 Elizabeth Currie, Fashion and Masculinity in Renaissance Florence (London: Bloomsbury Academic, 2016), 101-104.

13 Ibid., 109-127.

14 Joan Kelly, 'Did Women Have a Renaissance', in Becoming Visible: Women in EUropean History, ed., Renate Bridenthal and Claudia Koonz (Boston: Houghton Mifflin, 1977), 150.

17세기 ~ 19세기

신사 클럽
: 예의 바른 남성

젠틀맨Gentleman은 '신사'라는 뜻으로, 현대 사회에서는 남성의 존칭으로 쓰인다. 이 단어가 처음 나타난 것은 1222년 영국에서였다. 당시에는 Gentilman으로 썼으며 '귀족의 후손'을 가리켰다. 그런데 중세 기록을 살펴보면 이 단어가 점점 '존경할 만한', '성실한' 등의 긍정적인 함의를 포함하게 되는 것이 보인다.[1] 17세기 이후 '젠틀맨'으로 불리는 남성이 반드시 귀족 혈통은 아니어도 되지만, 젠틀맨은 대체로 사회적 지위가 있는 남자에게 쓰였다. 현대사회에서는 교양 있고 사교적이며 여성에게 예의를 지키는 남자를 지칭할 때 젠틀맨, 즉 신사라고 한다. 신사 이미지는 중세 기사와 크게 다르지 않다. 다만 현대화했을 뿐이다. 신사이미지가 만들어진 과정은 기사와 차이점이 많다. 신사에 대해 알아보려면 civility와 politeness라는 두 가지 개념을 먼저 이야기해야 한다.

지나친 가식과 신사계급

앞서 카스틸리오네의 『궁정론』과 이 책에서 강조하는 각종 궁정식 예의를 언급했다. 그런데 이런 식의 지나친 예의와 르네상스 시대에 많은 비판을 받은 화려한 옷차림은 비슷한 성격이다. 천부인권을 주장한 존 로크John Locke는 『미래를 위한 자녀교육Some Thoughts Concerning Education』(1693)에서 교육의 중요성을 형식적인 예의에 치우치는 것이 아니라 내면적으로 교화된 남성을 길러내는 데 두었다. 그래서 과거에 그랬던 것처럼 지나친 허위로 가득한 예의가 아니라 내면의 미덕과 외면의 예절이 결합되어야 한다고 보았다. 영국 철학자 토머스 홉스Thomas Hobbes 역시 예의는 훌륭한 덕목이라고 말하며 예의가 있기에 사교생활에서 평화와 안정감을 누릴 수 있다고 했다.[2] 당시 적잖은 사람이 내면과 외면을 별개의 것으로 보고 토론했는데, 체스터필드 공작 4세는 아들에게 보낸 편지에서 밖으로는 예절을 지키며 사람들에게 온화하게 대하라고 당부하면서 내심은 경계심을 풀지 말고 보수적인 태도를 견지해야 함을 명심하라고 했다. 겉으로 보여주는 것처럼 우호적인 태도를 내적으로는 가지지 말라는 것이다.[3] 외부를 향해서는 미덕을 갖추고 선량한 가면을 쓰면서 예의를 지키라는 말은 사교활동을 무척 중요하게 여기고 있음을 보여준다.

사교활동에서 성공한 남자만이 다른 남성에게 인정받을 수 있었다. 그렇게 해서 조금 더 발전한 예의인 politeness 개념이 생겼다.[4]

예의 있다는 것은 무엇일까?

현대 영어에서 politeness는 '공손함'을 의미한다. 그런데 17세기 말에서 18세기에 이르는 기간에는 좀 더 넓게 '예의civility'와 유사한 의미였다. 여기서는 politeness를 '예의 바름'으로 옮기려고 한다. 계몽운동 시기에 예의 바름은 신사의 필수조건이었다. 18세기 베스트셀러였던 잡지 『스펙테이터Spectator』를 예로 들어보자. 잡지 발행인 조지프 애디슨Joseph Addison과 리처드 스틸Richard Steele은 르네상스 시대에 이상적인 남성상으로 떠받들던 '무슨 일이든 다 잘하는 사람'을 비판했다. 이런 개념에는 허위로 겉모습을 꾸민다는 의미가 담겨 있다고 주장한 것으로, 이들은 남성이라면 외면과 내면의 미덕을 동시에 갖출 필요가 있다고 했다. 『스펙테이터』는 시사평론과 새로운 지식 등을 실어 막 떠오르는 중산층 남성을 핵심 독자층으로 공략했다. 지식과 철학은 대학과 도서관에서 벗어나 일반인도 쉽게 드나들던 술집과 카페로 옮겨갔다.

이와 같은 새로운 사상이 남성성에 지속적으로 미친 영향을 살펴보기에 앞서 우선 카페를 알아보자. 영국의 첫 번째 카페는 1650년대 옥스퍼드에 생겼다. 당시 카페의 주요 소비자는 고등교육을 받은 대학생이었다. 카페는 오늘날의 모습과는 조금 달랐다. 처음부터 카페는 엘리트 계급이 시사와 이상을 주제로 담론하던 장소였다. 1660년대 이후 런던에 카페가 우후죽순처럼 생겨났고 점점 중산층이 모이는 장소로 자리 잡아갔다. 카페는 '1페니 대학penny university'이라고 불렸는데, 1페니만 내면 카페에 앉아서 커피 한 잔을 마시며 다양한 정치 뉴스와 지식을 주워들을 수 있었기 때문이다.[5] 당시 카페는 정치 토론과 사교의 장으로 사람들의 일상에서 빠질 수 없는 장소가 되었다. 이는 자연히 남성성의 조건에 영향을 미쳤다. 고대 그리스에서 시민 신분의 남성이 모두 시민회의에 참여해 고담준론高談峻論을 나눴던 것처럼, 17~18세기 중산층 남성도 카페에서 각종 클럽에 참여하며 남성의 자아정체성을 확립했다.

이어 해외 무역이 활발해지면서 카페에서 사교활동에 참여하는 사람들이 전통적 지식인에서 중산층 상인에 이르기까지 확장되었다. 자본가계급 남성이 점점 늘어나면서 신사에 대한 정의가 바뀌었고 신사의 남성성gentlemanly masculinity이 가지는 특징도 새롭게 변화했다. 역사가 질리언 윌리엄슨Gillian Williamson은 18세기에 출판된 『젠틀맨 매거진Gentleman's Magazine』을 바탕으로 자본가계급의 영향력이 확산되며 교육과 자기 노력으로 부를 얻는 것이 특히 사람들에게 존경받는 남성적 미덕으로 자리 잡았다고 분석했다. 점차 부의 획득이 남성이 신사인지 여부를 가리는 기준으로 작용하게 된 것이다.[6]

17세기 런던의 카페에서는 다양한 사람들이 모여
자유롭게 이야기를 나누었다.

신사의 수칙

신사의 남성성은 '새로운 신사New Polite Gentlemen', 곧 내면에서 흘러나오는 미덕을 강조하면서 19세기까지 유행했다. 예의 바름은 신사의 핵심이었다. 이 개념은 1860년 세실 하틀리Cecil Hartley가 쓴 『신사의 예의The Gentlemen's Book of Etiquette』에서 구체적으로 확인할 수 있다. 이 책에서는 진정한 '예의'란 마음속에서 우러나오는 정성이라고 하면서 예의가 사람을 우호적이고 자애로우며 타인을 배려하게 만든다고 했다. 예의 바름의 핵심 사상은 나를 사랑하는 것처럼 타인도 사랑하라는 것이다. 세실 하틀리는 예의 바르게 행동하면 존경과 사랑을 얻는다고 했다. 그러니 예의 바른 가면을 항상 쓰고 있으라고 강조했다. 그는 진심 어린 마음으로 예의 바른 가면을 쓴다면, 결국에는 가면이 만들어낸 우호적이고 정성스런 태도가 차차 내면의 일부가 되고 나아가 말과 행동이 가면과 하나가 될 것이라고 했다. 예의 바름이 신사의 필수조건이라는 것 외에도 이 책은 신사가 될 수 있는 조건을 여러 가지 제시하고 있다.[7]

예의 바름의 첫 번째 조건은, 우리가 잘 아는 것처럼 여성을 대하는 방식이다. 어떤 상점에 들어가거나 나올 때, 마침 한 여성과 마주쳤다면 신사는 반드시 옆으로 비켜 여성이 먼저 지나갈 수 있게 해주어야 한다. 그 여성이 상점으로 들어가려던 참인데 문이 닫혀 있을 경우 신사로서 합격점을 받으려면 여성을 위해

문을 열어주어야 한다. 여성과 교제할 때는 바람 맞히면 안 된다. 그 여성이 당신의 다른 잘못은 다 용서해도 바람 맞힌 사실은 잊을 수 없기 때문이다.

예의 바름의 두 번째 조건은 신사의 처세술tact이다. 사람들과 관계를 맺고 살아가는 처세는 타고나는 것이기보다 배워서 얻는 것이다. 처세술이나 사람을 대하는 방법 등은 육감과 같지만 신체적으로 느끼는 오감을 중심으로 형성된다. 어떤 사람이 선천적으로 장소와 상황에 맞게 잘 처신한다면 그는 처세술로 사람들의 존경을 받을 수 있다. 허무맹랑한 이야기를 들었더라도 타인의 생각을 함부로 폄하해서는 안 되며 쉽게 거절 혹은 부정하는 말을 해서도 안 된다. 그런 태도는 폭군과 다를 게 없다. 하틀리의 이런 의견은 계몽운동 시기 시대정신과 관련되어 있다. 이 시기에는 정치사상이 수없이 쏟아져 나왔다. 지식인 계급은 지식을 서로 토론하고 연구하는 것을 영광으로 여겼다. 하틀리는 여기서 한 발 더 나아갔다. 그는 상대의 사상이 엉터리라고 생각되더라도 자기와 같은 수준이라고 가정하고 담담하게 대해야 하며 낮춰보고 쉽게 비판해서는 안 된다고 했다. 또한 남과 대화할 때 욕설이나 부정적 의미의 말을 함부로 내뱉어서도 안 된다. 욕설을 하는 것은 가정교육이 부족함을 드러내는 태도로, 신사가 가장 중요하게 여기는 것은 가정교육과 인격 수양이다. 신사라면 반드시 우호적이고 인자하게 말해야 한다. 하틀리는 우호적인 언어는 상대방도 우호적으로 만든다고 했다. 자신이 먼저 우호적이지 않은 태도와 말로 상대방에게 상처를 주면 결국 그 말을 한 자기 영혼에 그 영향이 돌아온다는 것이다.

신사는 오만함을 경계하고 늘 겸손하게 자기반성을 할 필요가 있었다. 오만한 남성은 쉽게 잘못된 판단을 내리기 때문이다. 오만한 자는 자기가 타인보다 훨씬 뛰어나며 타인은 보잘것없다고 생각하곤 하는데 실상은 타인이 자신을 그렇게 생각하는 것을 모르고 있을 뿐이다. 겸손함과 포용력을 함께 지녀야 한다. 하틀리는 처음 외국에 나간 사람들이 영국과 다른 문화를 무시하거나 거부하는 행동을 보이는데 이런 태도는 포용력 부족에서 나온 것이라고 했다. 진정한 신사는 다른 나라를 방문하기 전에 충분한 사전 조사로 현지 문화를 이해해야 현지 풍습에 적절하게 적응할 수 있다고 했다.

이렇게 인격적 수양이 높은 처세의 기본 조건에는 한 가지 중요한 관점이 드러나 있다. 바로 자제력이다. 하틀리는 신사라면 자기 감정을 극복할 줄 알아야 한다고 했다. 쉽게 화를 내서는 안 된다는 것이다. 감정, 특히 분노에 휘둘리는 남자는 신사라고 불릴 자격이 없다. 하틀리는 분노를 위험한 감정이라고 표현했는데, 그렇다면 분노로 이성이 흐려지는 것을 피하려면 어떻게 해야 할까? 신사는 타인의 일에 지나치게 관심을 가지면 안 된다. 또는 타인의 평가를 두고 너무 진지하게 신경 쓰지 말아야 한다. 그렇지 않으면 감정이 불길처럼 일어나서 모든 것을 태울 때까지 진화되지 않을 것이다. 하틀리가 모름지기 신사라면 자기를 통제해야 한다고 경고하는 것은 고대 그리스에서부터 내내 자제력이 부족하고 개인적 명예만 추구하는 남성을 비판해오던 것과 궤를 같이 한다. 지나친 남성성이 미치는 부정적 영향이 치명적 수준으로 커졌을 때 과도한 남성성을 어떻게 통제할 것인지가 중요해진다. 남성은 용감해야 하지만 전체 국면을 고려할 줄 알아야 했다. 이 시기에 중요하게 대두된 예의 바름이라는 큰 틀은 자제력에 계급의 색채를 더한 것이다. 다시 말해, 신사라면 자신을 통제할 수 있어야 하고, 이것이 신사와 다른 하층계급 남성을 구분하는 가장 큰 차이점이었다. 자제력이야말로 신사를 더욱 남자답게 해주는 것이다.

기사문화의 부활, 그리고 '새로운 남성'

역사상 각종 패권적이고 남성적인 기질과 마찬가지로 예의 바름이라는 특성 역시 여러 방면에서 비판을 받았다. 그중 가장 빈번히 비판 대상이 된 것은 예의 바른 태도가 남성을 여성화한다는 것이었다. 예의는 남성을 우호적이고 온화하며 자애롭고 여성과 잘 지낼 수 있게 한다. 하지만 자기 감정을 함부로 드러낼 수 없었다. 이런 태도는 전통적 남성성을 유지해온 남성의 신경을 건드렸다. 리치먼드 미국국제대학 교수 미셸 코언Michèle Cohen은 신사의 예의 바른 행동이 당시 사회에서 남성이 여성화되는 상징으로 비판받았다고 지적했다. 여성과 자주 접촉하면 남성이 여성처럼 바뀐다고 여긴 것이었다. 18세기 영국 학자이며 주교인 리처드 허드Richard Hurd는 『해외 여행을 위한 대화Dialogues on the Uses of Foreign Travel』에서 젊은이들이 견문을 넓히고자 외국을 여행할 때 그들이 영국 남성으로서 타고난 강한 의지력에 나쁜 영향을 받는 것 같다고 했다. 특히 여성화된 프랑스 사람의 영향을 받을 때가 그렇다고 보았다. 리처드 허드는 영국 남성은 단순하고 고집스러우며 강인하고 꾸밀 줄 모르는 미덕을 지니는데 이런 것이 남성성의 근간이 된다고 여겼다.8

이런 우려 섞인 시선이 19세기 '기사문화 부흥'을 자극했다. 항상 예의 바른 가면을 쓰고 있는 남성에게 전통적 남성성을 되돌려주기 위해서 다양한 평론이나 문학작품을 통해 나라를 지키는 데 필요한 목숨을 바칠 수 있는 용기를 고취하려고 했다. 그뿐 아니라 기사의 전유물인 충성심, 성실함, 정절, 경건함, 용기, 약자를 돕는 태도 등을 남성성의 고귀한 상징이라고 주장했다. 미셸 코언은 이런 풍조가 의지력, 용맹함 등의 이미지를 형성했으며 여기에는 18세기 무렵 여성에게 이끌려가던 흐름을 바꾸려는 의지가 반영되었다고 분석했다. 특히 문제가 된 것은 말을 타고 칼을 휘두르기보다 여성과 사교를 위한 춤을 추는 편이 낫다고 생각하는 경향이었다. 기사문화를 되살려야 한다는 분위기가 형성된 것은 남성에게 과거의 찬란한 빛을 돌려주기 위해서였다. 미셸 코언은 한 걸음 더 나아가 제인 오스틴Jane Austen의 『에마

Emma』(1815)를 통해 기사문화를 찬양하는 사회 분위기를 분석했다. 책 속 남자 주인공 나이틀리Knightly('기사'라는 뜻의 이름)는 여주인공 에마에게 항상 진실만 이야기한다. 환심을 사기 위한 의도는 없었다. 에마의 행동과 생각에 대해 늘 건의하고 조언하는 입장이며 무조건 여성의 의사를 따르는 것은 아니다. 이 작품에 나오는 한 대목을 보자. 에마가 나이틀리 앞에서 프랭크 처칠의 우호적인 태도와 입담, 자기 말에 항상 동의해준 점 등을 칭찬했다. 나이틀리는 곧바로 반박하면서 그의 우호적 태도는 허위로 가득한 프랑스식 우호적 태도로(영국인은 프랑스인을 비판하는 것을 좋아한다), 영국인의 타고난 처신과는 다르다는 것이다. 그러면서 여성의 모든 관점에 동의하는 남자는 반드시 겉과 속이 다를 거라고 했다. 분명 동의하지 않는 점이 있음에도 그에 대해 목소리를 내지 않는 거라고도 했다. 미셸 코언은 나이틀리를 '신新남성' 이미지를 대표하는 인물로 보았다. 진리를 사랑하고 이성을 갖췄으며 약자를 돕는 인간상이 바로 새로운 남성상이었다. 이런 신남성이 최종적으로 에마의 마음을 가져간다. 에마는 나이틀리를 평가할 때 인간적인 면을 높이 샀다. "그 사람은 똑똑하거나 용맹하지 않고 온화한 신사와도 다르지만 인간미 있는 남자야." 이 말에 나온 '인간미 있다'는 표현은 기사문화의 요소가 들어간 처신 방법을 가리킨다.⁹

"결투를 청한다!"

신사문화의 지나친 예의범절에 대한 반동으로 19세기 후반에는 결투Dueling 횟수가 점점 늘어났다. 결투의 역사는 아주 길다. 호메로스 서사시에 나오는 헥토르와 아킬레우스의 결투부터 중세 기사들 간 마상 창 시합까지 전부 두 사람이 벌이는 결투의 일종이다. 중세에는 결투에 법률적 의의가 있었다. 두 집단 혹은 개인 사이에 분쟁이 벌어져서 법적으로 해결하기 어려울 때 무기를 들고 결투를 벌인 뒤 법관이 판결하는 방식으로 진행했다. 많은 경우 결투는 명예를 지키기 위한 싸움이었고, 명예 개념은 대개 기사계급이나 그보다 높은 귀족만이 사용할 수 있었다. 결투에는 좋은 무기를 써야 했으므로 결투를 하는 사람은 대개 귀족이었다.

그런데 후기 계몽주의 시기에 이르러 이런 풍습은 심각한 반발에 직면한다. 예의와 예의 바름 개념이 유행한 것 외에 새로 등장한 신사 계층에 적잖은 중산층이 포함되어 있었기 때문이다. 이들은 결투를 귀족계급의 나쁜 유산이라고 여겼다. 결투를 계속 용인하면 경찰체계와 사법제도가 흔들릴 것이라고 생각했다. 하지만 이들의 노력은 1860년대 이후 또 다른 반발에 부딪힌다. 기사문화의 부흥으로 적잖은 사람들이 결투를 사실상 진정한 남성성을 드러내는 방식이라고 받아들이게 되었기 때문이다. 심지어 1862년에는 영국 공병대가 문서를 만들어 아름다운 영국 여성에게 남편감을 찾을 때는 900야드(800여 미터) 떨어진 목표물을 총알 하나로 맞힐 수 있는 남자를 고르라고 권하는 글을 발표했을 정도였다. 같은 해 영국 입법회 의원 로버트 필 Robert Peel 이 다른 의원 대니얼 오도너휴 Daniel O'Donaghue 에게 결투 신청을 받았다. 필은 결투를 두고 그럴 만한 가치가 없는 야만적 행위라고 했다. 하지만 이런 대응은 당시 사람들에게 조롱을 받았다. 그가 남자답게 결투를 받아들일 담력이 없다고 여겨졌기 때문이었다. 브리스틀대학의 마저리 매스터슨 Margery Masterson 은 결투 풍조가 다시 시작된 것은 19세기 중반 유럽 대륙에서 끊임없이 전쟁이 일어나고 민족 국가가 건국된 것과 관련이 있다고 보았다. 민족주의 구호를 앞세우며, 영국 남성은 예의를 지켜야 했던 신사문화가 영국을 국제적으로 약하고 여성화된 나라로 만든 것이 아닌지 우려하는 목소리를 냈다.[10]

1 'Oxford English Dictionary', last accessed on 18 March, 2021, https://www.oed.com/view/Entry/77673?redirectedFrom=gentleman#eid

2 Philip Carter, 'Polite "Person": Character, Biography and the Gentleman', Transactions of the Royal Historical Society, 12 (2002), 333-354.

3 Ibid., 334; Lord Chesterfield's Letters, ed. David Roberts (Oxford, 1992), 105.

4 Paul Langford, 'The Uses of Eighteenth-Century Politeness', Transactions of the Royal Historical Society, 12 (2002), 311-331.

5 'The British Library', last accessed on 21 March, 2020, https://www.bl.uk/restoration-18th-century-literature/articles/newspapers-gossip-and-coffee-house-culture

6 Gillian Williamson, British Masculinity in the Gentleman's Magazine, 1731 to 1815 (Houndmills, Bsingstoke, Hampshire; New York: Palgrave Macmillan, 2016).

7 Cecil B Hartley, The Gentlemen's Book of Etiquette, and Manual of Politeness, 1860.

8 Michele Cohen, '"Manners" Make the Man: Politeness, Chivalry, and the Construction of Masculinity, 1750-1830', Journal of British Studies, 44.2 (2005), 312-329.

9 Ibid.

10 Margery Masterson, 'Dueling, Conflicting Masculinities, and the Victorian Gentleman', Journal of British Studies, 56 (2017), 605-628.

남성이 곧 기계
: 산업혁명 이후 노동계급

앞서 상업 발전으로 중산층이 부상하면서 신사를 새롭게 정의하게 되었다고 언급했다. 신사계급은 귀족 후예만 일컫던 좁은 의미에서 본인 노력으로 부를 쌓은 부르주아bourgeoisie까지 확장되었다. 중산층은 사회에서 새롭게 떠오르는 동시에 무시할 수 없는 영향력을 지닌 계층으로서 그 지위를 확고히 다져 나갔다. 이런 흐름 뒤에는 금융산업 발전과 산업혁명이 있었다. 제1차 산업혁명은 1760년대에 시작되어 100여 년간 지속되었다. 주된 변화는 증기와 수력을 동력으로 사용해 면, 양모, 비단 등을 인간 노동력이 아니라 기계로 생산할 수 있게 된 것이다. 산업혁명 이전 방직업은 손으로 베틀을 움직이는 것이었다. 다축방적기Spinning Jenny와 방직기계Spinning Mule가 발명되면서 방직업은 놀라운 변화를 맞이했다. 생산량이 급속히 증가했고 원가는 낮아졌다. 프랑스 역사가 장프랑수아 자리주Jean-François Jarrige는 방직기계가 크고 복잡했기 때문에 대개 남성 노동자가 기계를 돌리는 업무를 맡았다고 지적했다. 차지하는 면적이 작은 다축방적기는 여성이 집에서 사용하기에 알맞았다.[1]

영국 노동계급

하지만 산업혁명의 원동력은 금융업 변혁이 가져온 사회 발전이었다. 이 시기 영국은행이 설립되고 국채 발행, 주식시장 태동 등이 이어지면서 특허권 개념을 만들어냈다. 당시 사람들은 누구나 공업과 시장에 투자하고 싶어 했다. 부르주아 계급은 이런 배경에서 탄생했다. 동시에 노동계급의 중요성도 점점 커졌다. 기계가 인간 노동력을 대체하는 시대가 왔다고 해도 방직업 분야에서는 여전히 기계를 조작하기 위한 대규모 인력이 투입되어야 했다. 나날이 활발해지는 상업 역시 노동계급 확장에 기여했다. 과거의 수공업자나 소작농은 빠르게 기계화 시대 노동계급에 편입되었다. 신사계급이 클럽과 카페를 중심으로 사교활동을 하며 자신이 성공한 남성임을 증명했다면, 노동계급 역시 공장을 중심으로 노동자들 간 우정을 돈독히 하고 퇴근 후에는 거리나 술집에서 모임을 가지며 공고한 관계를 쌓았다. 재미있는 점은 역사가 애나 클라크Anna Clark가 분석한 것처럼, 술집에서는 남녀가 뒤섞인 채 교류했다는 사실이다. 여성은 남성과 같이 술을 마시고 사교활동을 했다. 심지어 스코틀랜드 글래스고에서는 경찰이 매일 밤 술에 취한 여성을 체포했다는 기록이 전한다. 런던에서는 여가시간을 즐기는 가구가 늘었다. 가족과 함께 술집에 가서 먹고 마시는 것이다. 다시 말해 도시에서 술집은 남성만 드나들며 즐기는 장소가 더는 아니었고 여성 역시 술집에서 사회적 교류를 했다는 것이다. 남성은 아내가 술 취한 남성이 있는 술집에 가는 것을 용인했다. 아내 역시 일하는 노동자로 가정 경제를 지탱하는 역할을 했기 때문이다. 물론 모든 남성이 아내가 술집에 가게 내버려둔 것은 아니었다. 클라크가 제시한 런던 코벤트가든에서 일어난 사건은 이렇다. 토머스는 아내가 자기를 따라 술집에 오는 것이 불만이었다. 아내가 술집에서 남편인 자기가 아닌 다른 사람과 어울려 술을 마시는 것에도 화가 났다. 알코올 때문이었는지 그는 집에 돌아가서도 화를 참지 못해 결국 아내를 살해하고 말았다.[2]

이 사건은 취하도록 술을 마시는 일이 흔했던 사회 분위기를 보여준다(이러한 분위기는 오늘날 영국도 마찬가지다). 클라크가 설명하기를, 노동계급 남성은 습관적으로 술을 마심으로써 서로의 우정을 증명하려 했다. 알코올은 남성 간 우정의 윤활유였다. 평소 일하는 시간에는 긴장하고 어색한 상태였다가 퇴근 후 술을 한잔 마시면서 남성 노동자들은 서로 끈끈한 유대감을 나눴다. 남성이 술집에서 우정을 나누는 것은 일종의 '의식'과 같았다. 이 계급에 들어온 남성이라면 누구나 술집에서 술을 마셔야 했다. 그들은 술을 마시면서 정치부터 철학에 이르기까지 무슨 이야기든 다 했다(신사계급처럼 정통하지는 못할지라도). 고용주를 향한 험담도 빠지지 않았다. 클라크는 이 시기 남성 노동자들을 돈독하게 만든 우정은 공통의 적이 존재하는 데 기반했다고 본다. 고용주를 향한 주된 불만은 남성을 해고하는 대신 임금이 싼 여성을 고용하는 데 있었다. 또한 부르주아 계급의 거들먹거리는 태도를 싫어했고 그들이 노동자를 착취한다고 생각했다. 이런 분노의 감정은 한데 모여 술을 마시는 행위를 긴밀한 우정으로 바꾸어놓았다.[3] 노동자 클럽은 회비를 내고, 술을 마시고, 벌금을 내게 하는 방식으로 회원이 혼자서 많은 재산을 모으는 것을 방지했다. 클라크는 산업혁명 시대 독신 남성이 이전 시대보다 크게 늘었음에 주목했다. 결혼하고 가정을 꾸리는 일이 전보다 어려워지면서 독신 남성만 가입할 수 있는 클럽이 많이 생겨나기도 했다. 결혼한 남성은 그만큼 재산이 있다는 뜻이며 앞으로 버는 돈 역시 집에 가져갈 것이었다. 그들은 가정을 이루고 가장 지위를 확립했기 때문에 '모두 똑같이 비참하다'는 것을 기저에 깔고 있는 독신 남성 모임에 어울리지 않았다. 이런 현상을 보며 클라크는 노동계급의 우정이 가부장 권위 대신 남성성을 가장 잘 드러내는 (혹은 가장 쉽게 드러내는) 방식으로 자리 잡았다고 분석했다. 노동계급 남성은 상위 계급 남성처럼 가장 한 사람만의 수입(또는 가족의 토지 자산)에 의지해 가족 전체를 먹여살릴 수 없었다. 많은 경우 아내도 밖에 나가 일해야 했고, 이로 인해 남편은 가정에서 가부장적 권력을 완전히 행사하지 못하게 되었다.[4] 19세기 독일 철학자 프리드리히 엥겔스Friedrich Engels가 쓴 『잉글랜드 노동계급의 상황The Condition of the Working Class in England』에서 노동계급에 속한 남성이 직업을 찾지 못해 아내 수입에 의지한 채 남편이 주부 역할을 맡고 있음을 관찰한 바 있다.[5]

또한 직업군이 다양해지며 그 사이에서 서로를 얕잡아 보는 경향이 생겨났다. 푸줏간 주인은 자기 직업이 이발사보다 낫다고 생각했다. 수공업에 종사하는 사람은 공장에서 일하는 사람을 업신여겼다. 전문적으로 견직물을 생산하는 사람은 모직물 업계를 무시했다. 직업군에 따라 사람들은 클럽을 조직했고, 클럽에서는 유대감과 응집력을 강조했다. 클라크는 여성 역시 직업을 가지게 되면서 남성과 경쟁하자 남성은 여성이 대신할 수 없는 분야를 찾으려 했다고 주장했다. 지식을 습득해 발전하려는 것이 그런 움직임에 속했는데, 남성은 독서회, 문학회, 수학회 등을 만들어 남성의 우월함을 과시하고자 했다.⁶ 한편, 라드바우드 대학 크리스 루티Chris Louttit 교수는 노동계급 아이들은 전통적인 노동계급 남성성과 다른 새로운 이미지를 만들기 위해 애썼다고 강조했다. 18세기 사회운동가 프랜시스 플레이스Francis Place가 그런 사람 중 한 명이었다. 그는 자서전에서 노동계급 출신 아버지를 비판한다. 아버지는 근육 밖에 없는 사람이고 충동적이며 술과 여자, 싸움을 좋아했다고 했다. 프랜시스 플레이스는 아버지 같은 노동계급 남성은 자기 자신은 물론 가정까지 무너뜨린다고 주장했다. 그는 아버지와 다르다는 것을 보여주기 위해 열심히 공부했고 각종 문학회에 참가해 문학과 예술 소양을 갈고 닦았다. 또 스스로 공부에 매진한 것에서 한 발 더 나아가 자녀 교육에도 신경 썼다. 프랜시스 플레이스가 아버지에게 가진 혐오감은 당시 노동계급 남성이 문학회나 독서회에 참가하던 현상을 반영하는 사례다. 이런 현상은 자신이 여성과 다름을 보여주고 싶어 하는 심리에 더해 노동계급이 가진 부정적인 이미지에 대한 반발심이 작용했기 때문이었다.[7]

그래서 노동계급의 남성성은 상반된 두 가지 모습을 띤다. 하나는 술집에서 시끄럽게 떠들며 거칠게 행동하는 이미지이고, 다른 하나는 배움을 추구하는 점잖은 이미지다. 하지만 두 이미지 모두 노동계급 남성이 자신의 남성성을 잃게 될까 두려워했기 때문에 형성된 특징이었다.

미국 거리의 남성성

지금까지는 주로 유럽 남성성을 살펴보았다. 이제 16세기 이후 세계 무대에 등장한 미국을 들여다보자. 노동계급 남성성을 미국으로 옮겨놓을 때 바워리가보다 적합한 사례는 없을 듯하다. 바워리가는 미국 뉴욕주 맨해튼 남쪽에 있으며 19세기에는 주로 노동자 계층이 거주하던 곳이다. 그들이 남성성을 보여주는 방식은 런던에 살고 있는 '사촌'과 다를 게 없었다. 거칠고, 시끄럽고, 폭력을 휘두르는 방식으로 남성성을 드러냈다는 뜻이다. 우선 뉴욕 바워리가 주민의 마음속에서 '남성적인 외모'란 어떤 것이었는지부터 살펴보자. 상위계급과 자신을 구별하기 위해 바워리가 남성은 자기 외모를 조금도 꾸미지 않았다. 오히려 셔츠 첫 단추를 잠그지 않고 가슴 근육과 털을 내보이는 것으로 남성성을 드러냈다. 가끔 타이를 맬 때도 매듭을 느슨하게 해서 목에 걸어놓는 정도에 그쳤다. 입에는 항상 담배를 물고서 반항적인 이미지를 추구했다.[8]

바워리가 남성은 주량으로 남성성을 드러내면서 사회적으로 교류했으며, 술을 많이 마실수록 남자답다고 여겼다. 누군가 술을 마시자고 권하면 절대 거절해서는 안 됐다. 거절은 곧 술을 권한 남자를 향한 도전으로 받아들여졌다. 그러니 대량의 알코올이 관련되면 분쟁과 싸움이 벌어지는 것은 당연했다. 19세기 바워리가에서는 싸움이 일종의 오락이나 도박 같은 것이었다. 술집 주인은 권투 시합을 주최해 손님들이 돈을 걸게 했다. 권투 외에도 여러 가지 도박성 경기가 남성만 향유하던 오락거리로 존재했는데, 투견이나 '랫 베이팅rat-baiting'이라고 불리는 개와 쥐 떼를 한데 풀어놓고 쫓고 쫓기게 하는 게임 등이 있었다.

이들 사례를 보면 알 수 있듯이, 남성성을 드러내는 데는 폭력이 핵심이었다. 뉴욕주립대학 로턴 웨이크필드Lawton Wakefield는 바워리가에서 한 남성이 다른 남성에게 폭력을 행사해 영구적인 상처를 남기는 것이야말로 남성성을 과시하는 좋은 방식으로 여겨졌다고 분석했다. 물론 상처를 입은 남성은 다른 남성에게 패배했다는 치욕의 증거(상처)를 영원히 가지고 살아야 했다. 웨이크필드는 이런 사례를 다양하게 제시했는데, 재미있는 점은 상처 부위가 대부분 얼굴이라는 것이다. 1840년에 한 남성은 상대 이

마를 칼로 찢어놓았고 1860년에 또다른 남성은 상대가 휘두른 칼에 오른쪽 뺨을 깊게 베였다.

왜 얼굴이었을까?

얼굴은 옷으로 가리기 쉽지 않은 신체부위라 눈에 잘 띄기 때문이다. 얼굴에 상처를 내면 누구나 이 남자가 과거 언젠가 다른 남자에게 패배한 역사를 가지고 있음을 알아차릴 수 있다. 이런 치욕적인 상처는 소리 없이 '이 사람은 남성성을 잃었다'라고 선언하고 있는 것이나 다름없었다.

19세기 바워리가에서 폭력은 일상적인 동시에 제식화된 일이었다. 노동계급이 남성성을 드러내고 또 지키는 가장 쉬운 방법이었기 때문이다. 웨이크필드는 1860년에 일어난 또 다른 사건을 언급했다. 패트릭 허니먼이라는 남성과 패트릭 터너라는 남성 사이에 싸움이 벌어졌고 추후 맨손 결투를 하기로 약속했다. 이 결투는 당시 일반적인 격투 시합이 그렇듯 무기를 사용하지 않는 싸움이었다. 무기를 쓰는 결투에 비해 노동계급 남성의 결투는 더욱 원시적이고 거칠었다. 그렇다고 해도 이들의 결투에는 관중과 규칙이 있었고 휴식시간까지 주어졌다. 실제 벌어진 결투에서 허니먼이 패배했다. 그는 격투 중 사망했지만 죽음의 순간에 '영예롭게 패배했다'는 명성을 남겼다.[9]

이렇듯 제식화된 싸움은 조직의 뒷받침으로 더욱 공고해졌다. 19세기 바워리가 남성 노동계급에게 영웅이자 모범은 소방대원이었다. 당시 뉴욕 집들은 다닥다닥 붙어 있어서 화재에 취약

했다. 그리고 소방대는 국가가 운영하는 것이 아니라 자원한 사람들로 꾸려진 민간조직이었다. 삶과 죽음을 넘나들며 사람을 보호하는 일은 노동계급이 영웅적 기질을 뽐낼 더 없는 기회였다. 이들은 화재 현장에서 죽음과 싸우는 것을 명예로운 일로 여겼는데, 무거운 호스를 짊어질 만큼 힘이 세고 불길 속에 뛰어들 만큼 용기 있는 남자가 많지 않았기 때문에 더욱 그랬다. 소방대는 노동계급 남성이 결성한 다른 모임과 마찬가지로, 소방대끼리 시합을 빙자해 힘을 겨루는 일이 잦았다. 신사계급이 총 혹은 다른 무기를 손에 들고 결투하는 것과 달리 소방대는 누가 제일 잘났는지를 가리기 위해 수도관을 짊어지고 달리거나 불길보다 빠르게 달리는 것 등을 결투 방식으로 삼았다. 당시 소방대는 '갱단'과 크게 다르지 않아서 툭 하면 집단 폭력 사태를 일으켰다. 심지어 힘을 합해 화재를 진압한 후 곧바로 싸움에 돌입하기도 했다. 웨이크필드는 1844년 어느 저녁 신문에서 소방대원은 인간보다는 호랑이에 가깝다고 하면서 주민들에게 큰 해악을 끼친다고 비판한 기사를 찾아냈다.[10] 소방대원 문제는 정부의 골칫거리이기도 했다. 경찰병력을 늘려서 각 지역 소방대를 통제할 계획도 세웠지만, 당시 경찰로 뽑힌 사람들 대다수가 현지 노동계급 출신이거나 불량배였기 때문에 소방대와 대립하는 또 하나의 세력을 형성했을 뿐이었다. 소방대 입장에서는 경찰이 자신들의 남성성을 위협한다고 여겨서 19세기 바워리가에서는 경찰을 공격하는 사건이 자주 발생했다. 이런 상황은 공공장소에서 폭력

이 이루어지는 것에 대한 필요성과 정당성을 더욱 강화하는 결과를 낳았다.[11]

근육으로 꽉 찬 노동

　노동계급을 대표하는 이미지 중 하나가 폭력이라면 다른 하나는 힘이다. 힘이란 남성성의 중요한 특질 중 하나다. 옥스퍼드 브룩스대학 교수 조앤 베지아토Joanne Begiato는 노동계급 남성의 신체가 19세기 그림 속에서 '이상화'되었다고 분석했다. 여러 학자들은 이를 '계급적 시각'이라고 보았다. 여성의 나체를 그린 그림처럼 남성 노동자를 그린 작품도 귀족 저택의 벽에 걸렸다. 그림 속 노동자의 모습은 대상화되어 귀족이 그들보다 높은 신분임을 드러내는 데 이용되었다. 하지만 베지아토는 19세기에서 20세기 말까지 노동자를 그린 그림에서는 남성 노동자가 상체를 벗고 근육을 강조한 자세로 그려졌으며, 이는 많은 함의를 품고 있다고 분석했다. 첫째, 노동자의 건장한 신체를 그림의 주제로 삼아 감상하는 것은 감상자(귀족 남성)가 자기 스스로에게 갖는 기대감이다. 자기 체력과 근육, 힘을 키우는 데 더 노력하겠다는 다짐이기도 한 것이다. 둘째, 그림을 통해 노동자들은 스스로 노력해서 돈을 벌고 성실하며 기술이 있고 독립적이라는 긍정적인 메시지를 표현한다. 1857년 영국 화가 조지 힉스George Hicks의

조지 힉스, 〈옛 영국의 힘〉, 1857, 종이에 수채, 과슈,
74.9×53cm, 예일 영국미술센터, 뉴헤이븐

〈옛 영국의 힘The Sinews of Old England〉이라는 그림을 살펴보자. 그림 속 남성 노동자는 집 문 앞에 서 있다. 오른손에는 도끼를 쥐고, 왼손으로는 아내를 끌어안고 있다. 아내는 숭배하는 눈빛으로 남편을 응시한다. 이런 장면 구성은 남성 노동력으로 가정을 지탱한다는 긍정적 이미지를 보여준다. 베지아토는 더욱 진전된 분석을 시도했다. 나폴레옹이 유럽을 휩쓰는 동안 영국 귀족 사이에 평민 옷차림을 따라 하는 경향이 생겨났는데 이는 소박하고 강인한 애국적 이미지를 드러내기 위함이라는 것이다.[12]

또한 노동자를 주제로 한 그림에서는 힘차고 아름다운 팔뚝을 드러내는 것이 유행했다. 베지아토의 분석에 의하면, 노동자의 손은 정교한 기술과 뛰어난 힘을 상징했다. 사실상 근육이 도드라진 팔뚝 이미지는 대장장이 조합의 표식이었고, 19세기 초에는 노력과 힘이라는 긍정적인 남성성을 대표했다. 다만 20세기에 들어서서 근육질 팔뚝은 점점 사회주의와 계급투쟁에서 사용되는 표식으로 바뀌었다.[13]

'예의 바름'을 강조했던 신사계급과 비교할 때 노동계급 남성은 원시적 남성성인 '육체적 힘' 이미지를 유지한 편이다. 이런 힘은 여러 방면으로 드러났다. 계급적으로 논한다면 그들이 폭력을 사용하기 때문에 야만적이고 사회에 해악을 끼친다고 할 수 있다. 이는 신사계급이 법률을 통해 분쟁을 해결한다는 이미지를 가진 것과 대비된다. 하지만 앞서 언급했던 결투가 다시 유행했다는 점을 생각하면 남성성의 변화는 사회문화와 관련 있을 뿐 아니라 당시 국제 정세와도 밀접하게 연관된다는 것을 알 수 있다. 외부적 문제나 전쟁이 많은 시기에는 남성의 원시적이고 육체적인 힘을 추구하고 군사적 능력을 추앙하는 목소리가 강해진다. 이런 목소리가 당시 '패권적 남성성'으로 자리 잡지는 못하더라도 어느 정도 인정받는 면이 있다. 남성성이 내포하는 사회적 의미가 그만큼 다원화되어 있기 때문이다.

1 François Jarrige, trans., Sian Reynolds, 'Gender and Machine-breaking: violence and mechanization at the dawn of the industrial age (England and France 1750-1850)', Women, Gender, History, 38 (2013), 14-37.

2 Anna Clark, The Struggle for Breeches, Gender, and the Making of the British Working Class (University of California Press, 1997),, 25-29.

3 Ibid., 29-31.

4 Clark, The Struggle for Breeches, Gender, and the Making of the British Working Class, 29-31.

5 Friedrich Engels, The Condition of the Working Class in England, ed. David McLellan (Oxford UNiversity Press, 1993), 154.

6 Ibid., 34-35.

7 Chris Louttit, 'Working-Class Masculinity and the Victorian Novel', in The Victorian Novel and Masculinity, ed. Philip Mallett (Palgrave MacMillan, 2015), 31-50.

8 Lawton Wakefield, 'Separating the Boy's from the B'hoys: The Working Class Masculine Identity during the MidNineteenth Century' (State University of New York at Oneonta), 37-51.

9 Ibid.

10 Ibid.

11 Ibid.

12 Joanne Begiatio, 'Royal History Society', last accessed on 27 June, 2021, https://royalhistsoc.org/joanne-bailey-manly-bodies-in-eighteenth-and-nineteenth-century-england/

13 Ibid.

19세기 ~ 20세기

제국주의와
남성성

17~18세기 상류층에서는 '예의 바름'을 중시했다. 당시 강력한 침략으로 밀어붙이던 식민주의, 제국주의와는 차이가 무척 큰 태도다. 식민주의는 영어로 colonialism이며 이는 어떤 종류의 '행위'를 가리키는 말이다. 곧 국력이 강한 나라가 약한 나라를 무력으로 침략해 식민지로 만든다는 의미를 지닌다. 반면 제국주의imperialism는 식민주의의 근간을 이루는 개념으로 사상 혹은 정치적 신앙과 같다. 제국주의는 다시 구제국주의와 신제국주의로 나눌 수 있다. 구제국주의는 1500년에서 1800년 사이 유럽 국가가 아시아, 아프리카, 아메리카에 무역 거점을 세우고 현지 정권의 협조를 받으며 자기 나라에 막대한 상업적 이익을 가져다준 것을 말한다. 뒤이어 1870년부터 시작되어 제1차 세계대전까지 지속된 신제국주의는 식민지를 건설한 국가가 산업혁명이 가져온 사회 발전을 기반으로 식민지를 더욱 심도 깊게 착취하고 정치, 경제, 군사 등 전면적인 통제를 시도한 것을 말한다. 구제국주의 시기에 이미 강력한 힘을 자랑한 영국, 네덜란드, 스페인 외에 미국과 일본 등이 신제국주의 행렬에 새롭게 등장했다.

〈백인의 짐〉

　　젠더 역사에서 제국주의는 중대한 역할을 했다.

　　제국주의와 식민주의에 이어 19세기에 사회진화론Social Darwinism
이 대두하면서 '적자생존'이 식민주의자와 식민지 주민에게 적용
되었다. 식민지 주민은 우수하지 못한 인간이기에 식민 지배를
받게 된 것이며 도태될 인종이라고 보았다. 반면 식민지를 점령
한 자들은 태생적으로 뛰어나기 때문에 여러 민족 가운데서 두
각을 드러냈다는 것이다. 사회진화론은 제국주의, 민족주의, 우
생학 등에 광범위하게 응용되었다. 식민주의자가 우월하다는 논
리는 남성성에도 반영되었다. 남성은 여성을 지배한다. 식민지의
피지배자도 이와 마찬가지다. 식민지 피지배자는 남성의 지배를
받는 전체적으로 여성화된 존재로 인식되었다. 관련 주제를 연구
한 인도 학자 신하Sinha는 식민지 인도에서 영국 남성은 절대적
남성성을 가지지만 인도 남성은 영국 남성에 비하면 '충분히 남
자답지 못하다'고 여겨졌음을 지적했다.[1] 이런 지배적 인식은 무
력에 의한 정복 외에 통치에 있어서 영국인이 인도를 해방시켰다
고 자부하는 데서도 드러난다. 영국은 식민지를 관리할 때 대부
분 불간섭주의를 고수했지만 인도의 잔혹한 풍습 중 몇 가지는
개혁했다. 그중 하나는 과부가 죽은 남편을 위해 불에 뛰어들어
목숨을 끊는 사티sati였다. 또 영국인은 인도 몇몇 지역에서 시행
되던 일부다처제를 폐지하고자 몹시 애썼다. 영국인이 보기에 일

부다처제는 강력한 가부장제의 표상으로, 지배자인 영국 남성은 아내를 한 명만 두는데 피지배자 인도인이 아내를 여러 명 두는 것은 불합리하다고 여겼다. 그래서 백인은 흔히 자신들이 '유색인종의 구원자'였다고 생각한다. 이는 '백인의 짐'이라는 논리로 바뀌어 당시 유럽 제국주의 국가에서 유행했다. 〈백인의 짐 The White Man's Burden〉은 러디어드 키플링Rudyard Kipling이 1899년에 쓴 시다. 전반적인 내용은 백인은 우월한 인종이므로 다른 약소민족을 보살펴주어야 하고 우월한 유전자를 가능한 널리 퍼뜨려야 한다는 것이다.

　　백인의 짐을 져라

　　너희의 가장 우수한 유전자를 보내라

　　너희 아들을 묶어서 추방하라

　　그들이 너희 포로를 위해 일하도록

　　무거운 마구馬具를 짊어지게 하라

　　조급하고 야만적이며 쉽게 분노하는

　　새로 붙잡은 자들

　　반은 악마이고 반은 어린아이인 자들을 위해

　　백인의 짐을 져라

　　끈질긴 인내심으로

　　공포의 위협을 가리고

자만심이 드러났는지 살피며

공개적이고 간단한 표현으로

수없이 반복하여 명료하게 밀하라

다른 이의 이익을 도모하고

다른 이의 이익을 위해 노력하라

…

가라, 너희 남성성manhood을 찾아라

지난하고 보답 없는 세월이 지나면

냉철하고 귀한 지혜로

너희 동료의 인정을 받으리라[2]

　　시의 첫 구절 '백인의 짐을 져라'는 영어로 Take up the White Man's burden이다. 시작하자마자 명확하게 여성을 배제했다. 정복이란 백인 남성의 직무이자 권리라는 것을 강하게 표현하고 있다. 마지막 몇 구절은 이 시대 남성성이 어디에 중점을 두고 있는지 잘 보여준다. 타인을 정복하는 것, 식민지에 가서 자신의 남성성을 찾으라는 것이다. 남성성은 익숙한 고향에서 확립할 수 있는 것이 아니었다. 편안함을 떨치고 일어나 낯선 곳에 가서 탐색해야 얻을 수 있었다. 그 방법만이 '동료'에게 인정받을 수 있는 길이었다.

사실상 제국주의와 계급은 밀접한 관련이 있다. 영국 변호사이며 정치인, 작가이던 토머스 휴스Thomas Hughes가 1857년에 쓴 소설 『톰 브라운의 학창시절Tom Brown's School Days』에서는 브라운 집안사람들이 전투에 능하다고 묘사한다. 그들의 선조는 혁혁한 공을 세운 군인이었고 영국과 프랑스가 맞붙은 백년전쟁부터 나폴레옹과의 전쟁까지 전쟁터에서 생사를 넘나들던 집안이라고 말이다. 전투란 이미 브라운 집안사람들의 유전자에 새겨져 있는 특질이었다. 그래서 브라운 집안 자손은 대영제국 식민지로 흩어져서 요직을 차지할 수 있었다. 관련 주제를 연구한 영국 역사가 존 토시John Tosh는 『톰 브라운의 학창시절』이 계급의식으로 가득한 소설이라고 말한다. 또한 등장인물은 토지를 기반으로 집안을 일으킨 옛 영국 귀족은 운명적으로 '통치자'가 되도록 정해져 있다고 믿는다고 지적했다.[3] 다시 말해 제국주의는 〈백인의 짐〉이라는 시에서 명확히 제시한 인종과 민족 차이 외에 계급의식까지 반영되어 있다. 영국 귀족은 자신들이 '우월한 인간'이기에 식민지 주민을 통치하는 것이라고 믿었다.

민족에서 국가로 변화한 남성성

〈백인의 짐〉이 대변하는 중심 사상은 어느 민족이냐에 따라 남성성의 등급이 달라진다는 것이다. 그리고 당시 백인 남성은 대부분 그러한 사상에 동의했다. 미국 대통령 시어도어 루스벨트Theodore Roosevelt(재임 1901~1909)는 어느 강연에서 필리핀과 쿠바에 사는 이들이 자율과 자기관리를 할 수 있게 된 것은 '우리 같은 용감한 미국인our own brave men'이 그들을 도와주었기 때문으로, 그들 스스로는 절대 할 수 없던 일이라고 말했다. 루스벨트는 미국 남성이 우월한 나라에서 태어난 우월한 사람이기에 필리핀과 쿠바 사람들을 관리하는 것이 그들의 '책무'라고도 했다. 다른 야만적인 국가는 미국이 나서서 관리할 필요가 있으며, 그래야만 그들이 더 추락하는 것을 막을 수 있다고 여겼다. 남성이라면 마땅히 이러한 남성의 책무, 즉 스스로 관리할 줄 모르는 사람을 교화하는 일을 해야 한다는 것이다.[4]

루스벨트의 발언을 통해 민족이란 제국주의 시대 남성성과 뗄 수 없는 관계임을 알아차릴 수 있다. 서양은 경제적·군사적 우위를 이용해 남성성을 가진 지배자가 되었다. 여기에 민족주의가 결합되면서 미국의 우월한 남성성이 완성되었다. 19세기 말에서 20세기 초 미국의 힘 있는 사람 가운데 앤드루 카네기Andrew Carnegie와 존 록펠러John D. Rockefeller는 자수성가의 표본으로, 남성성은 인종이나 민족뿐 아니라 국적에 의해서도 등급이 나뉜다는 것을 모든 미국인이 믿게 만들었다. 어느 민족이냐를 넘어 어느 나라 사람이냐가 중요해졌다. 미국인은 자기 손으로 공화국을 세운 것을 자랑스럽게 여겼기 때문에 당연히 '공화국의 남성성'으로 확장되었다. 1900년 공화당 당원 앨버트 베버리지Albert

J. Beveridge는 국회에서 식민주의를 적극적으로 옹호했다. 그는 미국 신교도는 누구나 '하늘이 선택한 자'라면서 운명적으로 타인을 지배하도록 정해져 있다고 말했다. 미국이라는 나라는 모든 청년에게 동등한 기회를 주어 식민지에서 자신의 남성성을 발휘해야 한다고도 했다. 그는 미국 청년은 가장 용맹하고 야심 차며 강한 군사적 능력을 갖췄으니 전 세계에 이런 사실을 보여주어야 한다고 강조했다.[5]

식민지 시대는 남성의 자신감과 국력이 밀접하게 연관되어 있었다. 19세기 이래로 부강해진 미국은 지금까지도 세계 제일의 강대국 자리에 올라서 있다. 그래서 그들이 미국에게만 속하는 특별한 남성성 정의를 형성한 것도 이해할 만하다. 그렇다면 미국이라는 거대한 해외 식민지를 잃어버린 대영제국은 어땠을까?

개척시대로 돌아가자

식민주의와 제국주의의 원로라고 할 수 있는 영국의 식민 시대 남성성 정의도 깊이 생각해볼 만하다. 영국인 입장에서, 자신들이 통치하는 식민지에서 남성성을 드러내는 것은 시급한 문제였다. 1850년대부터 영국 상류층 및 신사계급은 점차 정치와 경제에서 사회적 우위를 잃어갔다. 영국 사회는 급속히 민주화되었고, 이에 따라 남성이 고유의 남성성을 발휘할 수 있는 사회 분위기도 바뀌어갔다. 많은 남성이 위기의식을 느끼던 이 무렵 식민지는 남성성을 표출할 수 있는 좋은 기회였다. 아직 질서가 잡히지 않은 황무지에서 개척지의 삶을 실 용기만 있으면 자신의 남성성을 충분히 드러내고 다른 남자들에게서 인정도 받을 수 있었다. 개척자란 선조의 시대로 돌아가는 것과 비슷했다. 어디에나 기회가 있었고, 남보다 앞서 기회를 잡으면 그것이 질서가 되었다. 1849년 토머스 핍슨Thomas Pipson이라는 남자가 영국에서 남아프리카 식민지 나탈로 이주하면서 쓴 기록을 살펴보자. 그는 자신의 아들이 런던에 남아 있으면 바람도 견디지 못하는 허약한 남자가 될 것이라고 걱정했다. 반면 식민지에서는 각종 도전이 자신과 아들을 기다릴 테니 자식을 진정한 남자로 키울 수 있으리라 기대했다. 계급이 낮은 영국 남성 중에는 많은 수가 군인이나 지배계급이 되어 자기 신분을 높이려는 목적으로 식민지에 갔다. 그것은 영국에 머물러 있어서는 절대 이룰 수 없는 목표였다.[6]

남성성에서 또 다른 중요한 요소는 독립이다. 식민지를 개척하는 남자는 물리적으로 가족에게서 멀리 떠나 있기 때문에 자기 힘으로 한 집안의 수장이 되어 성공할 수 있는 가능성이 컸다. 역사가 존 토시는 19세기 말에 활동한 작가 제임스 메들리James Methley가 쓴 글에 이러한 생각이 잘 나타나 있다고 했다.

스스로 심은 과일나무에서 첫 번째 열매를 딸 때, 가지에 무수히 많은 열매가 달려 있는 것을 볼 때, 당신은 새로운 성취감과 존엄을 느낄 수 있을 것이다. 이것은 당신이 어떠한 도움도 없이 얻어낸 결과물이기 때문이다.[7]

점점 기계화되는 시대에 원래 자신이 속한 가족관계에 속박되어 있는 영국에서는 이런 성취감을 얻기란 쉽지 않았다. 그래서 식민지는 독립하고 싶고 진정한 남성이 되고 싶은 사람들에게 좋은 선택지였다. 19세기 말의 경제 공황도 식민지로 이주하는 풍조를 부채질했다. 영국에서 실업자가 된 남성은 다른 곳에 가서 자존감을 되찾고 싶어 했다.[8]

육체의 힘, 집단 그리고 남성성

식민지에서 성공하기를 꿈꾸는 사회적 흐름을 뒤에서 지탱해주는 것은 영국 공립학교public school였다. 공립학교는 소년의 체력, 독립성, 사교성 등 세 가지 방면을 특히 중요하게 여겼다. 학생의 체력을 키우기 위해 학교에서는 팀으로 훈련하는 크리켓과 개인의 육체적 힘을 강화하는 권투를 가르쳤다. 크리켓은 단체 운동이기 때문에 협동심과 기민함, 자제력을 기를 수 있었다. 앞서 계속 언급한 것처럼 통제할 수 없는 용기는 남성성의 도드라진 특성인 동시에 집단 전체의 이익을 해칠 때가 많았다. 단체로 즐기는 스포츠는 남성성의 이런 결점을 보완할 수 있는 좋은 방법이었다. 국가에서는 강한 병사를 길러내 식민지를 확장하고 싶어 한다. 하지만 병사들이 영웅주의에 빠져서 국가 전체 이익을 내팽개치는 일이 생기는 것은 바라지 않았다. 1860년대부터 영국 공립학교에서는 체육 수업을 중요하게 취급했다. 체력과 운동능력의 우수성이 제국의 중요한 기초가 되기 때문만은 아니었다. 당시 영국에서는 '근육이 발달한 그리스도교도Muscular Christianity'가 남자다운 모습으로 인식되고 있었기 때문이었다. 이런 생각은 19세기 중반 영국에서 시작되었는데, 이는 자신을 '하늘이 선택한 자'라고 여긴 것과 비슷한 맥락에 있다. 완벽한 그리스도교도라면 애국심, 자제력, 교양을 갖춘 동시에 헌신할 줄 알아야 했다. 물론 우수한 체력과 운동 능력을 아울러 지닌 사람이 식민지에서 개척자로 살아가면서 남성성을 확립하는 데 유리했다는 이유도 있었을 것이다. 식민지에서 복무할 장교를 뽑을 때는 특히 체력적으로 우수한 생도를 선발하곤 했다.[9]

　제국주의가 만들어낸 식민지는 영국 젊은 남성이 새롭게 동경하는 곳이 되었다. 영국 본토에서는 옛 사회의 계급의식이 여전히 발목을 붙잡았기에 청년은 해외로 나가야 동년배 사이에서 두각을 나타낼 수 있었다. 캐나다 출신 작가 그랜트 앨런Grant Allen이 1899년에 쓴 글을 보면, 영국 청년이 볼 때 식민지에 무한한 가능성이 있었음을 잘 알 수 있다. 영국 청년은 인도에서는 장교가 될 수 있고, 뉴질랜드에서는 목장 주인이 될 수 있으며,

인도 북동부 아삼에서는 차 농장을 경영할 수 있고, 미국에서는 카우보이, 호주에서는 상인이 될 수 있었다. 영국에 그대로 머무르면 예쁜 여자와 연애할 수 있는 것 말고는 좋은 점이 없었다.[10]

　이런 글을 통해 제국주의 시대 남성성은 여성을 정복해 남자다움을 과시하는 경우는 적은 반면 개척자의 힘과 새로운 것을 만들어내는 가능성에서 남자다움을 찾고자 했음을 알 수 있다. 영국을 떠나야만 자신이 태어난 가족의 영향력에서 벗어나 스스로 가장의 위치에 오르는 것이 가능했다. 이 때문에 청년들은 위험을 무릅쓰고 식민지로 향하는 배에 올랐던 것이다. 이 대목에서 영국에 머무르며 옛 사회의 일원으로 사는 데 익숙해지면 점점 더 여성화될 뿐이라는, 남성성에 대한 불안감과 위기를 읽어낼 수 있다. 식민지는 남성성과 남성 존엄을 드높이는 만병통치약과 같았다.

1 Mrinalini Sinha, Colonial Masculinity: The 'Manly Englishman' and 'Effeminate Bengali' in the Late Nineteenth Century (Manchester University Press, 1995).

2 Kipling, Rudyard. 'The White Man's Burden'. The Complete Verse. London: Kyle Cathie, 1990, 261-62.(역자주: 영어 원문을 기초로 하고 중국어 번역문을 참고해 한국어로 옮겼습니다.)

3 John Tosh, '"A Fresh Access of Dignity": Masculinity and Imperial Commitment in Britain, 1815-1914', in History and Africa Studies Seminar, University of Kwalazulu-Natal, Durban, South Africa, 1999.

4 'Monthly Review', accessed on 2 July, 2021, https://monthlyreview.org/2003/11/01/kipling-the-white-mans-burden-and-u-s-imperialism/

5 Ibid.

6 Windholz, Anne M. 'An Emigrant and A Gentleman: Imperial Masculinity, British Magazines, and the Colony that Got Away', Victorian Studies, 42.4 (2000), 631-658.

7 Tosh, '"A Fresh Access of Dignity": Masculinity and Imperial Commitment in Britain, 1815-1914', 1999.

8 Ibid.

9 Waite, Kevin. 'Beating Napoleon at Eton: Violence, Sport and Manliness in England's Public Schools. 1783-1815', Cultural and Social History (2014), 407-424.

10 Tosh, '"A Fresh Access of Dignity": Masculinity and Imperial Commitment in Britain, 1815-1914', 1999.

20세기

두 차례 세계대전과 남성
: 남성의 연약함을 재조명하다

인류 역사가 시작된 이래로 전쟁은 끊임없이 벌어졌다. 그리고 전쟁은 사회가 남성을 평가하는 기준에 커다란 영향을 미쳤다. 고대 그리스부터 중세 유럽 기사도 정신, 그리고 현대에 이르기까지 무력, 몸집, 군사적 능력 등을 숭배하는 현상이 계속되고 있다. 체격이 크고 힘이 센 것은 남성이 가질 수 있는 가장 도드라진 훈장인데, 이는 유럽 각지에서 계속 전쟁을 치른 것과 떼려야 뗄 수 없는 관계가 있다. 어떻게 해야 전쟁을 승리로 이끌 것인가? 혹은 어떻게 해야 국민들이 자발적으로 전쟁터에 나갈 것인가? 이것이 바로 쉼 없이 전쟁을 치르던 나라의 주된 관심사였다.

확대되면서 속박으로 변한 '시민 병사' 개념

시민 병사citizen-soldier는 고대 그리스에서 시작된 개념이다. 도시국가에 소속된 시민은 나라를 위해 전쟁에 나갈 의무가 있었다. 외부세력의 침략이나 통치자의 폭정에 맞서 모든 시민이 나라를 지킬 책임과 의무를 가지는 것이다. 미국은 독립전쟁 중에 이런 시민 병사 개념을 널리 선전했다. 미국인에게 영국의 잔혹한 통치에 저항하자고 격려하는 것과 동시에 영국 정규군을 비판하는 의도였다. 글자 그대로 시민 병사란 모든 시민이 각자의 국가를 위해 목숨을 희생할 의무가 있다는 뜻이다. 국가를 지키는 것은 군대가 할 일이지만 한 나라의 존망이 걸린 상황이라면 국민 모두가 나서야 한다.[1]

‘전쟁의 책임은 모든 이에게 있다.’ 이는 두 차례 세계대전을 치르던 각국이 어떻게든 널리 퍼뜨리고 싶어 하던 사상이다. 제1차 세계대전이 발발한 후 영국에서 만든 선전용 포스터에서는 “용감하게 총알에 맞서는 것이 집에서 폭탄을 맞는 것보다 낫다”는 표어로 입대를 격려했다. 이렇게 강력한 표어와 함께 포스터 상단에 자리한 이미지는 위기감을 고조시키는 역할을 더한다. 이미지에서는 세인트 폴 대성당, 웨스트민스터 대성당, 빅벤 등이 실루엣으로 표현된 런던 상공에 독일 체펠린 비행선이 떠서 폭격을 준비하고 있다. 당장 행동에 나설 것을 이보다 더 직접적으로 호소할 수 있을까?[2] 한편 제2차 세계대전 때 영국이 만든 포스터에는 다양한 산업에 종사하는 사람들이 전면을 향해 웃고 있는 그림 아래 “당신도 우리처럼 참전하고 있나요?”라고 써 있었다.[3] 이들 포스터의 목적은 애국심을 고취해 나라를 지키는 일에 책임감을 느끼게 하려는 것이다.

이 주제를 연구한 오리건주립대학 교수 로버트 나이Robert Nye 는 전쟁은 남성에게 무거운 책임감과 압박감을 준다고 분석했다.

"용감하게 총알에 맞서는 것이 집에서 폭탄을 맞는 것보다 낫다"
제1차 세계대전 당시 영국에서 제작한 입대 격려 포스터

"자유채권이 이런 일이 벌어지지 않게 할 것이다"
제1차 세계대전 당시 미국에서 제작한 전시채권 구매 독려 포스터

제1차 세계대전 당시 미국에서 제작한 소년병 입대 독려 포스터

진정한 남자라면 공명심과 애국심을 가져야 하며 가족을 지켜야 한다(나라가 없으면 가정도 없으니까)는 생각 때문이다. 이런 생각을 가진 남자가 있어야 전쟁에서 승리할 수 있다.[4] 바꿔 말하면 나라를 위해 싸울 수 있어야 남자로 인정받았다. 군인 이미지는 남성성 요소로 역사 속에 수차례 등장한다. 제1차 세계대전 때 만들어진 포스터 중에는 미국 군인을 나무에 못 박는 독일 군인을 그린 것이 있다. 독일 군인 뒤로 미군 구조대가 달려오는 가운데, 포스터에는 "자유채권이 이런 일이 벌어지지 않게 할 것이다"라고 적혀 있다. 전시채권 구매를 종용하는 이 포스터에서 나무에 못 박히는 병사는 예수의 희생을, 그를 구하러 오는 군대는 기사도 정신에서 강조한 전우애를 상기시킨다. 이 포스터는 당시 남성에게 어떤 것을 기대했는지 잘 보여준다.[5]

　자격 있는 시민 병사가 되기 위한 전제조건은 강한 몸과 정신이었다. 정규군이 있을 경우 전쟁은 일반 대중이 해야 할 일은 아니기에, 군인이 아닌 보통 시민은 자기 몸을 애써 단련할 필요가 없다. 하지만 시민 병사라는 개념이 퍼지면서 남자들은 자기 몸과 정신을 강인하게 만드는 것을 남성의 의무라고 생각하게 되었다. 1918년 미국에서 발행된 포스터를 살펴보자. 미국은 소년병의 입대를 독려하기 위해 자유의 여신이 그려진 포스터를 만들었다. 이 포스터는 소년들에게 "군사 훈련은 어릴 때부터 받아야 하고, 미국인이라면 자유를 위해 싸우는 것이 의무다"라는 메시지를 전달한다. 나치 시대 독일에서는 남자아이를 나라를 위해 싸우는 인재로 키우기 위해 체육 수업에서 군인들이 할 법한 훈련을 시켰다. 통계자료에 따르면 1914년 당시 40퍼센트가 넘는 영국 청소년이 소년병과 비슷한 청년조직에 가입했다.[6] 이런 사실로 볼 때 두 차례 세계대전 기간 동안 육체적 능력은 남성성의 가장 중요한 요소로 부상했음을 알 수 있다. 육체적 능력이 떨어지는 남자는 남자답지 못한 '불합격' 남성으로 여겨졌다.

로버트 나이는 전쟁터에서 입은 상처에 대해서도 분석했다. 사람들은 영구적인 상처나 장애를 입은 병사를 보며 그의 육체적 능력이 부족했기에 큰 부상을 당했다고 생각했다. 그 사람은 더는 나라를 위해 전쟁터에서 싸울 수 없으며, 그것은 남성성을 충분히 갖추지 못한 것으로 여겨졌다.[7] 앞서 노동계급의 남성성을 다루며 언급했듯이, 눈에 띄는 확실한 상처는 영광의 낙인이 아니라 그 남자가 패배했다는 증거였다. 전쟁에서 얻은 상처를 영예로운 것으로 대우하는 경우도 있었지만, 전쟁이란 원래 싸워서 이기는 것을 목적으로 하기 때문이다. 이런 상황에서 병사에게 기대하는 역할은 남성의 잠재력을 극도로 발휘하여 전쟁에서 이기고 돌아오는 것이었다. 그런 사람만이 남성의 존엄을 지킬 수 있었고 사회에서 '합격' 판정을 받은 남자로 여겨졌다. 반대로 패배한다면 병사 개인은 무능하고 튼튼하지 못한 사람으로 여겨지며, 나라 전체로 보아서도 남성성을 가지지 못한 피정복자로 전락한다.

로버트 나이는, 전쟁에 나간 병사는 나라를 위해 희생한다는 생각이 주입된 상태로, 그들이 똘똘 뭉치면 전우애가 특별히 강해져서 그것보다 중요한 것은 없다는 생각을 하게 된다고 지적했다. 제1차 세계대전 때 독일 신문에서는 전우애를 고취하는 내용을 적극적으로 실으면서 그 중요성을 결혼에 비유할 정도였다. 이런 전우애 고취로 말미암아 병사들은 전투를 인생에서 가장 중요한 임무로 여겼다. 고대 그리스의 『향연』에서 언급한 것처럼 전우에게 아내나 연인과 같은 감정을 느끼도록 독려하면 병사들은 더욱 힘껏 싸우게 된다.

로버트 나이의 분석에 의하면, 군인에게 지나치게 용맹한 이미지를 고취할 경우 남자는 전쟁터에서 노력하고 여자는 후방에서 지원한다는 성별에 따른 구분이 더 확고해진다. 나라를 위해 목숨을 버리는 군인이야말로 남자다운 남자, 남성성의 본보기로 여겨진다.[8]

두 차례 세계대전과 남성의 약점

거시사의 시각에서 모든 전쟁은 크게 다를 것이 없다. 본질적으로 전쟁은 군사적 충돌, 즉 대부분 남성으로 구성된 무력 집단을 이용해 분쟁을 해결하는 것이다. 두 차례 세계대전은 이전과 달리 그 규모가 크고 참전한 국가가 많아 혼란을 초래한 전쟁이었다. 결과적으로 두 차례 세계대전은 오늘날의 국제 정세가 형성되는 데 직접적인 영향을 미쳤다. 나아가 세계대전은 남성성에도 변화를 야기했다. 두 차례 큰 전쟁을 치르며 사회는 남성의 능력을 새롭게 평가하게 되었다. 세계대전은 과거의 군사적 충돌에 비해 훨씬 규모가 컸기에 전쟁의 영향 또한 더욱 심각했다. 1914년에 시작된 제1차 세계대전은 4년간 지속되었으며 동맹군과 연합군 두 진영이 대립했다. 동맹군은 독일제국, 오스트리아-헝가리제국, 오스만제국, 불가리아왕국으로, 연합군은 영국, 프랑스, 러시아, 이탈리아, 중국과 후반에 참전한 미국으로 구성되었다. 제1차 세계대전은 보병 전투 위주였고 사용한 무기도 총, 탱크, 유독가스 등이었다. 제2차 세계대전은 탱크, 미사일, 전투기, 핵무기가 주력이었다. 두 차례 세계대전 이후 포탄 공격에 의한 정신이상인 '셸 쇼크Shell Shock'를 호소하는 병사가 많았다. 이 심리질환은 제1차 세계대전 때 참호 전투가 주요 원인이었다. 병사들이 참호에 웅크려 있을 때 포탄이 터지면 참호 구조상 소리가 증폭된다. 전쟁이 끝난 후에도 비슷하게 큰 소리를 들으면 심하게 긴장하거나 쇼크 상태에 빠지는 것이다. 셸 쇼크는 여러 외상 후 스트레스 반응 중 하나다. 사실상 전쟁 후에 남자들은 이와 비슷한 증상을 많이 보였고, 사회에서 남성이 받는 스트레스와 남성성의 정의를 돌이켜보는 계기가 되었다.[9]

세계대전 이전에는 남성성이야말로 어떤 것도 극복할 수 있는 특효약이라고 여겼다. 남성성 강화 훈련을 받은 병사는 전투를 피해 달아나지 않았다. 그러나 세계대전 이후 사람들은 남성성이 아무리 단단하더라도 부서질 수 있다는 것을 알아차렸다. 제1차 세계대전이 끝난 후 심리학이 빠르게 발전하면서 남성의 심리상태가 주목받기 시작했으며 남성 능력에도 한계가 있음을 인정하게 되었다. 남성성이 강해도 극복하지 못하는 것이 있고, 세상에서 가장 용감한 남자라도 공포에서 완전히 초월할 수 없다. 제1차 세계대전에서 영국 병사 최소 8만 명이 긴장감으로 인한 자율신경기능이상을 겪었다. 1921년에는 남성 6만여 명이 자율신경기능이상을 이유로 보조금을 수령했고 셸 쇼크를 앓는 사람은 25만 명이 넘었다.[10] 앞서 살펴본 것처럼 영국 공립학교에서는 학생들을 두려움 없는 남자로 단련하는 것을 목표로 했다. 이런 훈련도 전례 없는 규모의 세계대전에서는 쓸모가 없었다. 심리학자들은 남성이 자기가 느끼는 두려움을 직시하고 인정해야 한다고 격려했다. 심리적 외상을 치료하려면 공포를 억압하거나 자신의 상처를 회피해서는 안 된다는 주장이 힘을 얻었다.

에식스대학 마이클 로퍼Michael Roper 교수는 당시 남성들이 처음에는 의기양양하게 나라를 위해 싸우려 하지만 결국 공포를 이기지 못하는 모습을 그린 소설이 많았다고 지적했다. 1919년 출간된 『비밀 전쟁The Secret Battle』은 주인공 헨리 펜로스가 뜨거운 가슴으로 종군하지만 치솟는 사망자 수와 다양한 신체적·심리적 질병을 보고, 또한 군인들이 어깨에 짊어진 무거운 짐을 실제로 겪은 후 결국 스스로 목숨을 끊는 내용이다. 다른 소설도 공립학교를 갓 졸업한 남자아이들이 저마다 나라를 위해 목숨

을 바칠 준비가 돼 있다고 생각하지만 끝내 두려움을 이겨내지 못하는 모습을 담고 있다.[11]

공포는 본능이고 용기는 미덕이다

제1차 세계대전을 겪으며 공포가 인간의 가장 본능적인 반응이라는 것을 알게 되었다. 아무리 오랜 시간 동안 많은 훈련을 받아도 극심한 공포를 완전히 극복하기란 불가능한 일이다. 그렇다면 사회가 그동안 남성에게 요구해온 것은 사실상 인간 본성과 배치되는 것이었다. 남성성은 필수품이 아니라 사치품이며, 살고자 하는 본능을 누구보다도 잘 억누른 남성에게 주는 훈장이었다. 두려움을 모르는 정신으로 전쟁에서 죽음을 넘나드는 것이 남성의 모범이라는 전통적 개념이 의심받기 시작했다. 사람들은 더는 아킬레우스가 되려 하지 않았다. 아킬레우스 이미지가 투영된 남성성은 이제 보통 인간은 닿을 수 없는 '신화'로 치부되었다. 그래서 전쟁이 끝난 후 발표된 많은 소설에서는 군대 지휘관이 두려움을 알고 부하의 고충을 헤아리는 인간적 모습으로 그려지곤 했다.

이처럼 두 차례 세계대전은 남성 심리 중에서도 가장 유약한 부분을 폭로한 셈이었다. 이런 일은 역사적으로 전례가 없었다. 많은 사람들이 남자가 전쟁터에서 두려움을 느끼는 원인과 극복

방법을 찾으려 했다. 영국 수상 윈스턴 처칠Winston Churchill(재임 1940~1945, 1951~1955)의 개인 주치의 찰스 모런Charles Moran은 제 2차 세계대전 이후 모든 남성은 용기를 소유할 수 있는 체내 용량이 정해져 있는데 전쟁에서 소모되는 양이 몹시 많았기 때문에 용기를 다 써버렸다고 했다. 그렇다면 전쟁에서 용기가 소모되지 않도록 하려면 어떻게 해야 할까? 찰스 모런은 공포는 계속해서 억누르면 된다고 했다. 즉, 공포가 표면 위로 올라오지 못하게 하면 용기가 소모되지 않는다는 것이다. 1945년에 한 라디오 방송에서는 진행자가 용기를 언급하면서 '미덕 그 자체'라고 표현하기도 했다.[12]

이런 미덕은 인간 본성에 반대되는 것이었다. 세계대전 기간에 각국 군대에서는 탈영병이 많이 나왔다. 전쟁 공포를 극복하지 못해 도망치는 것을 선택하는 사람들이었다. 1914년부터 1920년 사이에 병사 3천 명이 군 복무 의무를 이행하지 못하고 탈영했다가 군법에 따라 처벌받았다. 탈영병 중에는 포탄 때문에 쇼크 증상을 보이는 사람이 많았다. 영국의 탈영 사건 중에서 제일 유명한 것이 바로 토머스 하이게이트Thomas Highgate의 사례다. 그는 군법정에서 탈영죄를 처음 선고받은 사람이다. 그는 첫 번째 마른 전투에서 인근 창고로 달아나 숨어 있다가 군법재판을 받았다. 법정에 출두했을 때 그를 위해 증언해줄 전우가 한 사람도 없었다. 그를 제외하고는 모두 전사했기 때문이었다. 토머스 하이게이트는 입대 후 35일 만에 열일곱 나이로 총살됐다. '여

명의 격발Shot at Dawn'이란 표현은 탈영죄를 저질러 총살당하는 군인을 가리키는 것이다. 앞서 설명했듯이 수많은 남성이 뜨거운 가슴으로 참전했다가 전쟁의 참혹함을 목격하고 도망쳤다. 허버트 버든Herbert Burden이라는 또 다른 남성은 열여섯 살 때 성년이 됐다고 거짓 신고하고 군에 입대했다가 전우가 사망하는 것을 목격한 후 탈영했다. 그는 군법재판을 받은 후 사형되었다.[13]

도망치는 것이 본능이라면 탈영을 죄라고 볼 수 있을까? 토머스 하이게이트처럼 어린 나이일 경우에는 심리적으로도 미처 성숙하지 못했을 것이다. 그런 병사가 살고 싶은 본능에 따라 달아났을 때 사형에 처해야 할까? 탈영병의 가족은 나중에 국가 보조금 등을 받을 수 없었다. 제2차 세계대전이 끝난 후 총살된 탈영병의 죄를 사면해줄 것을 청원하는 유족들이 많았다. 2007년 영국 정부는 세계대전 기간에 탈영죄를 범한 사람들을 사후 사면했지만 그들의 범죄 기록을 말소하지는 않았다. 탈영죄에 대한 관점은 남성성을 논의하는 데 있어서 중요한 화두가 되었다. 용기는 고대부터 지금까지 남성성을 정의하는 핵심적인 가치였다. 그러나 전쟁터에서 용기를 계속 가지고 있어야 하는 것이 의무일까?[14]

1 Robert A. Nye, 'Western Masculinity in War and Peace', The American Historical Review, 112.2 (2007), 417-438.

2 'It is far better to face the bullets than to be killed by a bomb at home'. See 'Imperial War Museum', last accessed on 13 April, 2021, https://www.iwm. org.uk/collections/item/object/30761

3 'Are you with us in the National Service?' See 'Imperial War Museum', last accessed on 13 April, 2021, https://www.iwm.org.uk/collections/item/ object/3643

4 Nye, 'Western Masculinity in War and Peace', The American Historical Review, 112.2 (2007), 417-438.

5 'Your Bond of Liberty Will Help Stop This'. See 'Library of Congress', last accessed on 13 April, https://www.loc.gov/item/2002722586/

6 'Imperial War Museum', last accessed on 13 April, 2021, https://www.iwm. org.uk/collections/item/object/16731

7 Nye, 'Western Masculinity in War and Peace', The American Historical Review, 112.2 (2007), 424.

8 Ibid.

9 'Reviews in Hisotry', last accessed on 15 April, 2021, https://reviews.history. ac.uk/review/944

10 'The National Archives', last accessed on 14 April, 2021, https://www. nationalarchives.gov.uk/education/resources/medicine-on-the-western-front-part-two/war-office-report-on-shell-shock/

11 Michael Roper, 'Between Manliness and Masculinity: The "War Generation" and the Psychology of Fear in Britain, 1914-1950', Journal of British Studies, 44.2 (2005), 343-362; A P Herbert, The Secret Battle: A Tragedy of the First World War.

12 'It is not a virtue. It is the virtue'. See Michael Roper, 'Between Manliness and Masculinity: The "War Generation" and the Psychology of Fear in Britain, 1914-1950', Journal of British Studies, 44.2 (2005), 357.

13 'BBC News', last accessed on 15 April, 2021, https://www.bbc.co.uk/news/ uk-england-25841494

14 Ibid.

여권 신장과
남성의 위기

세기말 신여성

고대 그리스 시대부터 오늘날까지 남성은 여성보다 우수한 생물종으로 자처했다. 많은 남성이 사회적으로 우월한 위치를 차지할 수 있었던 원인은 모두 이와 같은 인식 때문이었다. 즉 '남성이 여성보다 뛰어나다'라는 개념이 수천 년 동안 이어져온 가부장제 사회를 뒷받침한 것이다. 가부장 체제는 끊임없이 흔들렸지만 지금까지 지속되고 있다. 가부장 체제 아래서 인류는 계속해서 번성하고 진보했다. 그래서 여성이 가부장제 사회의 억압에서 벗어나 권리를 쟁취하겠다고 결심하자 많은 사람이 '잘못되었다', '허락할 수 없다', '국가의 근본을 흔드는 일이다'라는 반응을 보였다. 여권 신장 운동은 남성의 강력한 반대에 부딪혔다. 한편으로는 이런 여권운동 때문에 남성들이 전통적인 성별(젠더) 구조 사회가 붕괴할지 모른다는 위기감을 갖게 되었다.

남성의 위기를 이야기하기 전에 여권운동이 어떻게 시작되었는지 먼저 살펴보자. 초기 여권운동은 19세기 '신여성New Woman'에서 시작된다. 신여성이라는 단어는 아일랜드 여성 작가 세라 그랜드Sarah Grand가 만들었다. 세라 그랜드는 여성이 급진적인 수단으로 경제적이고 사회적인 독립을 쟁취해야 한다고 주장했다. 세라 그랜드는 「여성 문제의 새로운 방향The New Aspect of the Woman Question」에서 1860년대 성병 예방법Contagious Diseases Acts을 맹렬히 비난했다. 이 법안은 성병에 걸린 여성 성노동자만 격리하도록 했다. 일상적으로 매춘업소에 드나드는 남자는 격리하지 않아 외부에서 계속 성병을 퍼뜨리거나 자기 아내를 감염시키고 있는데도 말이다. 19세기 문학작품에서도 전통적인 여성의 비극을 묘사하면서 당시 여성이 가정과 결혼의 속박과 자유 추구 사이에서 고통스러워 하는 모습을 표현했다.[1]

신여성 풍조는 19세기 말 절정을 맞이했다. 영국 국립도서관 큐레이터이며 작가인 그레그 버즈웰Greg Buzwell은 여성 해방의 사회 흐름은 세기말이 불러온 불안과 흥분 때문에 더 힘을 받은 측면이 있다고 지적했다. 새로운 세기에는 새로운 변화가 생길 것이기 때문이었다. 이 시기에 성 해방을 제창하기 시작하면서 여성이 성적 자주권을 가진다는 관점이 확산되었고, 또한 꾸미기를 좋아하고 부드러운 성격의 남성상이 유행하는 계기가 되었다. 두 성별의 전통적인 특질이 모호해진 것이다. 헝가리 출신 사회평론가 막스 노르다우Max Nordau는 『퇴화Degeneration』(1892)라는 책에서 신여성이 가져온 성별의 위치 변화가 나라를 망하게 할 것이라고 경고했다. 유명한 잡지 『펀치Punch』에서도 고등교육을 받고 독립과 자주를 추구하는 여성은 시기심이 많고 다른 사람이 잘 되는 꼴을 보지 못해 결혼을 못한 노처녀spinsters라고 조롱

PASSIONATE FEMALE LITERARY TYPES.

THE *NEW* SCHOOL.

Mrs. Blyth (newly married). "I WONDER *YOU* NEVER MARRIED, MISS QUILPSON!"

Miss Quilpson (Author of "Caliban Dethroned," &c., &c.). "WHAT? I MARRY! I BE A *MAN'S PLAYTHING*! NO, THANK YOU!"

잡지 『펀치Punch』에 실린 풍자 일러스트 "열정적인 지식인 신여성"

블리스 부인(방금 결혼한 새댁): "킬프슨 양, 왜 결혼을 안 하시나요?"
킬프슨 양(작가. 결혼한 적 없는 노처녀를 조롱하듯 나이 든 얼굴에 수염이 자란 모습으로 묘사): "뭐라고요? 결혼이요? 남자의 장난감이 되라고요? 아, 됐어요!"

했다.[2]

빅토리아 시대에 여성에게 요구된 것은 집에서 남편을 내조하고 아이를 기르는 것이었다. 1854년에 발표된 시 〈집안의 천사The Angel in the House〉가 바로 여성을 향한 사회적 기대, 즉 정절과 헌신을 잘 반영하고 있다. 남편에게 충성과 정절을 바치고 자식에게 헌신하는 것이 당시 여성의 역할이었다. 버즈웰은 유명한 흡혈귀 문학작품 『드라큘라Dracula』에 등장하는 여성 루시 웨스턴라와 미나 머리를 비교하며 분석했다. 루시는 신여성을 대표하는 인물이다. 드라큘라에게 물리기 전부터 강한 성욕을 감추지 않고 드러내면서 성적 파트너로 한 명만 허용되는 것을 받아들이지 못한다. 루시는 친구가 보는 앞에서 자기 남편의 손으로 심장에 말뚝이 박혀 죽는다. 반대로 미나는 교육을 잘 받은 여성이자 총명하고 독립적이지만 결혼 후에는 충성스러운 아내가 되어 가정을 위해 헌신한다. 그렇기에 루시와는 달리 비극적 결과를 피할 수 있었다.[3]

당시 사람들의 눈에 신여성은 도덕적 해이의 상징으로 여겨졌다. 남자처럼 행동하고, 담배를 피우고, 아이 낳기를 거부하거나 아이를 싫어하는 신여성은 보수적인 사람들에게 세상이 뒤집히는 것 같은 충격을 주었다. 그들은 자연스러운 모성과 완전히 반대되는 방향으로 가는 것처럼 보였다. 자전거를 타며 자유로운 행동을 추구하는 여성만 해도 남자들에게 큰 비난을 받았으니, 성 해방을 외치는 신여성은 더 말할 것도 없었다. 당시 사회에서는 여성이 강한 성욕을 가지고 있거나 여러 명의 성적 파트너를 두는 일이 다윈 이론에 정면으로 배치된다고 여겼다. 다윈 이론에서는 "암컷은 극소수 예외를 제외하면 수컷처럼 성욕이 강하지 않고 (……) 수줍음이 많으며, 관찰 결과 암컷은 긴 시간 동안 최선을 다해 (수컷을) 회피하는 것처럼 보인다"라고 했기 때문이다. 수컷은 경쟁하고, 암컷은 선택한다. 이것은 인간의 천성이기도 하다는 것이 당시 사회의 인식이었으며 그렇기에 남성이 사회를 장악한다고 여겼다. 그런데 이런 법칙을 깨뜨리는 신여성의 등장은 인간의 천성을 어기는 일처럼 생각되었다.

여성의 투표권=성 역할 붕괴?

신여성 풍조는 19세기와 20세기가 교차하던 시기에 점차 몰락했다. 이어서 여성 참정권 운동이 일어났다. 영국과 미국 사례를 살펴보면, 여성 참정권 운동은 당시 사회에 크나큰 반대를 불러일으켰다. 남성들만 반대한 것이 아니라 보수적인 여성도 옛 질서는 바꾸면 안 된다고 여겼다. 여성 참정권 운동이 사회적으로 반대에 부딪힌 것은 성별에 따른 역할 구분이 모호해진다는 두려움 때문이었다.

여성이 투표권을 가지게 되면 그 다음으로는 남성의 직업을 빼앗지 않을까? 여성이 남성과 동일한 권리를 누리면 여성과 남

"나를 시장으로 뽑을래요? 돈만 내면 도시 구경을 시켜드릴게요!"
여성이 적절하지 않은 옷차림으로 시장 선거에 나선 모습을 그림으로써
여성 참정권의 황당무계함을 표현하고 있다.

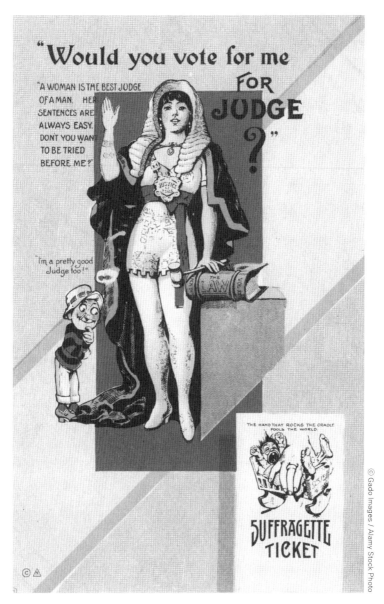

"나를 재판관으로 뽑을래요? 여자는 남자에게 최고의 판사예요!
우리는 늘 너그럽게 판결하거든요. 나에게 재판받고 싶지 않나요?"

성은 생물학적인 차이 외에 뭐가 다를까?

이런 문제와 반대의 핵심은 남성이 성별의 우위를 잃어버릴까 봐 두려워했다는 것이다. 더 나아가 성별에 따른 사회적 역할이 뒤바뀌면서 여성이 남성적 직업에 종사하고, 남성은 그들이 좋아하지 않는 피지배자 역할이나 가정주부 같은 일을 하게 되는 것을 겁냈다. 당시 여성에게 투표권을 주는 것을 반대하는 포스터를 살펴보자. 엄숙한 표정의 여성이 의자에 앉아 신문을 읽고 있다. 그 옆에는 여성의 남편이 원망스러운 얼굴로 빨래를 하고 있다. "여성 투표권을 주장하는 여자와 결혼하지 말라!"라는 표어가 적혀 있는 다른 포스터에서는 더욱 분명하게 의미를 전달한다. 포스터 속 여성은 의자 위에 올라가서 페인트칠하는 중이다. 또 다른 포스터에서는 노출이 심한 옷을 입은 여성이 시장 선거에 나선 모습을 그려서 여성 참정권의 황당무계함을 표현하려 했다. 이처럼 여권 신장을 반대하는 포스터는 약속이나 한 듯 여성이 남성이 해야 할 일(전통적으로 남성만이 할 수 있다고 여겨지던 일)을 빼앗아가려 한다고 호소한다. 여성 참정권 운동을 저지하지 않으면 가정과 사회에서 성별에 따른 역할 구분이 전부 뒤집힐 거라고 주장하는 것이다.

마치 이런 상황을 지켜보는 남성 관중에게 큰소리로 외치는 것처럼 보인다. "남성 여러분, 이게 당신이 원하는 나날입니까?"

누구나 보기만 해도 이해할 수 있는 포스터 외에 여성 참정권을 반대하는 논설이 쏟아졌다. 대부분 여성의 타고난 천성을 언급하며 논리를 펼쳤다. 여성은 투표나 정치 참여 등의 권리에 어울리지 않는다고 직접 지적하는 것이었다. 논설에 따라서는 여성이 선천적으로 가진 능력을 치켜세우며 여성이 남성보다 뛰어나다고 언급하면서도 자애와 모성을 지녀 사회를 안정시키는 데 중요한 역량을 발휘하는 여성은 강건하고 패도적인 기질이 가득한 정치에는 잘 맞지 않는다고 했다. 정치에 개입하는 것은 여성의 모성을 소모시킬 뿐이며 사회에 전혀 도움이 되지 않는다는 생각이었다. BBC 뉴스가 2018년 어느 날 저녁, 1917년에 영국 남성 의원이 여성 투표권을 반대한 내용을 보도했다. 프레더릭 밴베리Frederic Banbury 의원은 여성은 풍랑처럼 일렁이는 정서에 쉽게 영향받기 때문에 투표에 어울리지 않는다고 했다. 그와 비슷한 생각을 가진 존 리스John Lees 의원도 여성은 쉽게 딴 생각에 빠지고 새로운 것을 좇는 경향이 있어 정치에 참여하는 것은 적절치 않다고 했다.[4] 오늘날의 시각에서 보면 어처구니없는 주장으로 보인다. 그런데 놀랍게도 이런 생각은 많은 현대인의 마음속에 여전히 자리 잡고 있다. 대만의 한 출판사 편집자는 소셜네트워크 커뮤니티에서 많은 편집자가 여성인데 이들은 역사 감각은 부족하지만 유행 감각이 뛰어나다고 공개적으로 발언했다. 많은 이들이 여성의 역사 감각은 전반적으로 남성보다 떨어진다고 생각한다. 영국 국회의원이 1917년에 한 말을 돌이켜보면, 성별에 관한 고정관념은 여전히 전승되고 있으며 아직도 많은 사람들이 성별에 따른 천성 차이를 믿고 있음을 알게 된다. 지금이

1917년인지 2021년인지 의심스럽다.

여성의 '천성' 외에도 다양하고 괴상한 이유가 많았다. 그중에서 찰스 헨리Charles Henry 의원의 견해는 가부장 및 남성에 의한 여성 지배에 대한 역사적 관점이 반영된 것이었다. 그는 여성을 지배하고 감독하는 것은 남성의 책무이며, 남자라면 그 책임을 쉽게 저버려서는 안 된다고 여겼다. 이런 관점은 오랫동안 유지되었던 여성 지위에 부합한다. 과부가 아닌 경우 여성은 항상 어떤 남성의 보호와 감시 아래 있었다. 이처럼 여성을 지배하는 것이 가부장으로서 남성 고유의 권리를 행사할 수 있는 중요한 요소였다. 또 다른 의원 롤런드 헌트Rowland Hunt 는 여성이 챙 넓은 모자를 쓰기 때문에 그들이 국회에 들어오거나 투표를 하려 하면 커다란 모자를 마주친 남성이 당황할 것이라고 발언했다.[5] 롤런드 헌트의 이런 발언이 황당하게 들리지만, 정치적인 지배권이 남성성에서 중요한 부분을 차지하는 만큼 남성 전유물에 여성을 끼워주지 않겠다는 심리를 잘 보여준다. 역사적으로 소수의 귀족 여성 외에 정치는 여성에게 금지된 영역이었다. 그러므로 투표권을 요구하고 정치적 발언권을 키우려는 여성을 맞닥뜨렸을 때 남성은 대부분 공포를 느꼈고, 어이없는 이유를 대서라도 여성 참정권을 반대하려 했다.

의학을 방패로 여성 권리를 억제하다

수많은 반대 이유 중에서 여성의 '천성'을 내세운 논리만큼 강력한 것은 없었다. 왜냐하면 의학 이론이 그 논리에 힘을 실어 주었기 때문이었다. 관련 주제를 연구한 사회학자 마이클 키멀 Michael Kimmel은 보수적 관념을 옹호하는 사람들이 자연법칙과 의학 이론을 방패로 내세웠다고 지적했다. 그들은 여성이라면 여성이 마땅히 해야 할 일을 해야 한다고 선전하면서 그것이 여성이 원래부터 타고난 특질이라고 주장했다. 투표권은 남성만 가질 수 있다는 생각을 지지하는 미국의 어떤 조직에서는 여성이 투표권을 가지면 생물학적으로 혹은 심리적으로 여성에게 불리하다고 주장했다. 투표권을 갖게 된 여성의 몸이 점점 더 커질 것이고 머리도 커져서 결국 여성의 특징을 잃어버리게 될 거라는 것이었다. 그들은 여성 투표권을 지지하는 남성도 공격했다. 그런 남자는 매국노이며 나라 전체를 여성화시켜서 국가적 역량을 무너뜨리려 한다고 주장했다. 여기서 당시 사람들이 남성을 우수한 지배자로 여기고 그 권위에 도전하는 어떤 것도 나쁘게 여겼음을 다시 한 번 느낄 수 있다. 존 도드 John Dodd라는 남자는 1876년에 여권 신장을 지지하는 어떠한 행위든 모두 위험하다는 글을 썼다. 그는 여성 권리를 주장하는 것은 그들에게 여성이 감당할 수 없는 책임을 감당하도록 핍박하는 짓이라고 했다. 이것이 무슨 뜻인가 하면, 여성의 뇌와 심리적 기질은 남성이 그런 것처럼 큰 책임을 질 수 없기에 여성이 천성적으로 담당해야 할 역할인 '가정의 천사'가 추락해 '가정의 악마'가 되고 만다는 주장이었다. 이런 주장을 펼치는 사람들은 의학의 신뢰성을 이용해 여권운동을 억제하려 했다.[6]

작가 헨리 제임스Henry James가 1886년에 쓴 『보스턴 사람들 The Bostonians』에는 이런 내용이 나온다. "모든 세대가 여성화하고 있다. 남성 기질은 점점 사라지고, 세계는 음유함과 긴장, 히스테리로 가득하다. 용감함, 책임, 모험심, 지식욕 등 아름다운 남성 특질이 다 사라졌다."[7] 나날이 사라지는 남성성에 대한 불안감은 가정교육에도 영향을 미쳤다. 사람들은 가정교육부터 남성과 여성을 분리해 가르쳐야 한다고 주장했다. 남성이 여성화하는 것을 막기 위해서였다. 심지어 도서관에서 남성작가의 책과 여성작가의 책을 구분해야 한다는 과격한 주장이 등장하기도 했다.[8]

남성이 여성화하는 것을 우려하는 목소리 뒤에 숨은 깊은 두려움이 무엇인지는 금방 눈치 챌 수 있을 것이다. 바로 그리스도교에서 몹시 증오하는 현상인 남성 동성애에 대한 걱정이다. 사회적으로 남녀를 분리해 교육하자는 목소리가 나오는 것은 두 성별이 섞여 지내다 보면 성별 구분이 더 모호해진다는 생각 때문이었다. 그래서 남성은 여성과의 접촉을 끊고 남성 간 우정을 통해 가장 순수한 남성성을 갈고 닦을 필요가 있다고 했다.

여권 신장을 지지하는 남성들

마이클 키멀은 여권운동을 지지하는 논설도 제시했다. 지지자들은 과학기술이 부단히 발전하는 만큼 사회도 진보해야 '현대사회'의 발걸음을 따라갈 수 있다고 보았다. 사실상 가부장제 사회가 여성을 억압하기 때문에 남성 처지가 점점 더 힘들어지는 면도 있었다. 그러니 여권운동을 지지하는 것은 오히려 남성에게 좋은 일이라는 주장도 제기되었다. 작가 그린 와일더Green Wilder는 미래사회는 평등하고 다원적이며 상호보완적일 것이라고 생각했다. 따라서 남성은 여성을 위해 살고, 여성은 남성을 위해 살아야 한다고 했다. 작가 맥스 이스트먼Max Eastman 역시 여권운동 지지자였다. 그는 여성이 잠재된 능력을 완전히 발전시켜서 완벽한 인간이 되어야 한다고 보았다. 그러면 여성이 행복할 것이고, 여성이 행복하면 여성과 남성의 미래는 더욱 좋아진다는 것이다. 여성 투표권을 지지하는 것 외에도 이들은 여성의 연애와 결혼, 출산에 대한 자유도 지지했다. 이들은 여성이 임신 여부를 선택할 수 있다고 여겼다. 남성과 여성이 모두 자유를 누려야 즐겁고 행복하게 후손을 낳을 수 있다는 주장이었다.[9]

여권운동을 가장 지지해준 주장 가운데 빼놓을 수 없는 것은 잡지 편집자이자 문학평론가, 작가, 시인으로 활동한 플로이드 델Floyd Dell의 시다. 그는 작품에서 권리가 없는 여성은 상자에 갇힌 사람과 같다고 묘사했다. 상자에서 나온 여성은 적성에 맞게 성장할 수 있다. 남자가 사랑하는 대상은 속박된 여성이 아니라 상자 바깥에서 즐겁고 자유롭게 살아가는 여성이다.[10]

여권운동을 반대한 원동력은 남성성을 잃으면 어떻게 해야 할지 몰랐던 남성의 불안감이었다. 남성성은 여성 특질의 상대적 개념으로 존재한다는 생각 때문에 한쪽이 사라지면 다른 쪽도 결국 존재할 수 없다는 두려움이 있었다. 19세기 말에서 20세기에 일어난 여권운동은 오랫동안 유지되었던 부권사회를 뒤흔들었다. 남성은 옛 질서가 무너질지 모른다는 공포를 갖게 되었고, 자신들이 지배자 역할을 하지 못하게 되거나 피지배자로 전락할까 봐 무서웠다. 하지만 그런 와일더처럼 남성성이란 실제로 남성을 억압해온 구호였음을 알아차린 사람도 있었다. 무엇이 여성적 특질인지, 또 무엇이 남성다운 것인지에 대한 고정관념을 벗어던진다면 남성 역시 오랫동안 짊어졌던 부담과 스트레스가 줄어들 것이다. 젠더가 평등한 사회는 지금도 달성하지 못한 목표다. 하지만 "남성과 여성이 같이 자유로워야 우리가 더 행복해진다"라는 이스트먼의 말에 우리가 앞으로 나아갈 길이 담겨 있는지도 모른다.

신여성: 빨래하는 날
1901년 무렵 촬영한 이 사진에서 아내는 진지한 표정으로 앉아서
신문을 읽고 있고 남편은 옆에 서서 빨래를 하고 있다.

1 'British Library', last accessed on 25 April, 2021, https://www.bl.uk/
   romantics-and-victorians/articles/daughters-of-decadence-the-new-
   woman-in-the-victorian-fin-de-siecle#footnote1

2 Ibid.

3 Ibid.

4 'BBC News', last accessed on 7 June, 2021, https://www.bbc.com/news/uk-
   43740033

5 Ibid.

6 Michael S. Kimmel, 'Men's Response to Feminism at the Turn of the
   Century', Gender and Society, 1.3 (1987), 261-283.

7 Ibid., 269.

8 Ibid.

9 Ibid., 272-274.

10 Ibid., 275-276.

위험한 남성성

고대 그리스에서 제2차 세계대전까지, 남성성의 정의는 끊임없이 변화했지만 사실상 변화의 폭은 그리 크지 않았다. 계몽운동 이전에는 육체적 우위나 뛰어난 군사능력이 패권적 남성성 위치를 차지했다. 남성성 위기에 봉착했던 중세 성직자에게서도 그와 같은 패권적 남성성을 향한 갈망을 찾아볼 수 있었다. 계몽운동 이후 '예의 바름'을 강조하는 사회에서는 남성이 육체적 힘이나 군사능력을 바탕으로 통치권을 차지하는 전통은 점점 사라졌다. 그러나 사회적으로 과거에 그랬듯 무력을 추앙하는 풍조가 계속해서 등장하면서 가장 원시적인 남성성인 육체적 우위를 끊임없이 강조하게 만들었다. 이런 현상을 보면 왜 서양 전통에서는 근육질 남성과 무력이 남성성의 핵심이 되었는지 궁금해진다. 중국 전통에서는 왜 문文을 중시하고 무武를 배척하면서 타고난 육체적 힘의 우위가 남성에게 가장 중요한 특질이라고 여기지 않았을까?

많은 학자들이 이런 의문을 파고들며 연구해왔다. 유럽은 고대 그리스·로마 시대부터 줄곧 전쟁 상태에 놓여 있어서 정권과 국가가 살아남으려면 군사능력에 의존해야 했던 탓에 남성성을 원시적인 육체적 능력에서 찾았는지 모른다. 그렇다면 현대 남성성이 어디에서 기원하는지 궁금해진다. 지금은 전 세계가 서구 문화의 영향을 강하게 받고 있다. 그래서 우리 남성성 기준도 서구를 따라가는 경향을 보인다. 제2차 세계대전 이후로 세계가 상대적으로 평화로운 시대(물론 지역별로 전쟁은 중단되지 않고 있지만)를 보내고 있는데도 남성은 남보다 뛰어난 육체를 만드는 데 열중한다. 심지어 여성에게도 영향을 미쳐서 최근 몇 년간 육체적으로 힘과 아름다움을 추구하는 것이 유행했다. 이런 점에서 본다면 2021년의 우리는 기원전 1천여 년쯤의 트로이 전쟁 시기 사람들과 별반 다를 것이 없는 듯하다. 신체 건장하고 힘이 센 남자를 남자답다고 느끼니 말이다.

오늘날 남성에게 요구되는 것은 고대 그리스부터 지금까지 시대별로 강조되었던 남성성의 종합체 같다. 최근 영상 문화가 발달한 데 따른 영향도 있는 듯하다. 드라마나 영화 속 남성은 무력이 뛰어나면서도 문학적 재능이 있고 일을 잘하며 패기 넘치는 사회적 성공자다. 심지어 여성에 대해서는 기사도 정신과 신사적 태도를 발휘한다. 자제력이 있고 가정적이며 젠더 평등도 지지한다. 하지만 현실적으로 이런 남성은 존재하지 않는다고 봐야 한다. 우리는 오늘날 남성에게 요구되는 조건 속에서 역사적인 흐름을 살펴야 한다. 그래야 지금의 남성성이 어디에서 왔는지 알 수 있다.

가부장제 사회에서 밀어붙이는 남존여비 사상은 여성뿐 아니라 남성도 착취한다. 오늘날 많은 심리학자가 가부장제가 사회에 깊이 뿌리 내린 곳일수록 '위험한 남성성toxic masculinity' 현상이 쉽게 나타난다고 보았다.

'위험한 남성성'이란 성별에 대한 고정관념과 가부장제의 권위를 깊이 믿으면 여성혐오, 여성비하, 폭력 등이 일어나기 쉽다는 것을 의미한다. 현대사회는 여성에 대한 억압 못지않게 남성에게도 많은 것을 요구한다. 오늘날의 남성은 '남자니까 울면 안 된다', '감정을 많이 표현하지 마라', '약한 모습을 쉽게 보이지 마라' 등 훈계를 받은 경험 때문에 스트레스를 어떻게 해소해야 하는지, 감정을 어떻게 표현해야 하는지 모른다. 자신이 약해도 된다는 것을 모르고 참기만 하다가 한계점에 도달하면 억눌린 감정이 폭력적으로 표출되기도 한다. 성적 매력을 드러낼 때도 남성은 끊임없이 공개적으로 보여주는public displayed 과정을 통해 남성성을 입증해야 한다. 2차 성징도 여성은 아무것도 하지 않아도 자연적으로 가슴, 허리, 엉덩이의 선이 생긴다(가슴과 엉덩이의 크기나 허리의 굵기에 상관없이). 그래서 여자아이가 여성이 되는 것은 겉으로 보기에는 쉬운 듯하다. 반면 남자는 좀 다르다. '식스팩'으로 불리는 복근, 굵은 팔뚝, 넓은 가슴 등은 노력해야 얻을 수 있다. 역사적으로 용맹한 전사라고 불린 남성은 공공장소에서 싸워 이겨야 '진정한 남성'이라는 찬사를 받을 수 있었다. 남성성 획득이 싸움과 공개적인 전시를 통해서만 가능하다는 사실은 성별에 관한 토론에서 잊기 쉬운 부분이다.

남성이 외부에 보여주는 방향으로 남성성을 추구해야 하는 이유는 남자다움을 자신이 아닌 사회 다른 사람들이 결정하기 때문이다. 그래서 대부분의 남성은 가정 경제를 책임지는 사람이 되어야 한다. 여성은 가정주부로 지내는 것이 정상이라고 여겨지는 반면, 남성이 가정주부라고 하면 이상한 시선과 더불어 무능하다는 의심을 받는다. 이는 18세기 노동계급 남성이 겪은 어려움과 비슷하다. 200년이라는 시간이 흘렀는데도 우리는 가부장 체제에서 벗어나지 못했다. 대만에서 2021년 1~2월에 육아휴직을 신청한 남녀 비율을 살펴보면 여성이 남성보다 5배나 많았다. 남녀가 직장생활과 가족 돌봄을 동등하게 분담하는 진정한 성 평등까지는 갈 길이 멀어 보인다. 혼자 힘으로 가족을 부양하지 못하는 남성에게 사회는 '남자도 아니다'라는 식의 오명을 씌운다. 반면 여성은 가족을 부양하지 못해도 질책당하지 않는다. 이런 생각 뒤에는 여성이 남성보다 뛰어나지 못하기 때문에 남성이 더 많은 책임을 져야 한다는 가부장적 발상이 있다. 또 문화적으로 남성에게 '불평하지 말 것'을 가르친다. 그런 태도는 떠들기를 좋아하는 여자 같은 행동이라고 생각하기 때문이다. 그래서 여성이 자기 권리를 쟁취하겠다고 외칠 때, 대부분의 남성은 여전히 자기가 받는 억압에 침묵하는 보수적인 선택을 한다.

남자는 원망하면 안 되고 꾹 참아야 하기 때문이다.

역사적으로 남성이 눈에 띄게 억압받은 것은 아니지만 상당수가 가부장 체제 스트레스를 묵묵히 삼키고 있다. 오늘날 양성 평등이라는 말에 반감을 보이며 여성 권리만 외치고 남성 권리는 아무도 신경 쓰지 않는다고 생각하는 이들이 많다. 우리 사회의 문화가 어떻게 '남성' 이미지에 실제 남성을 끼워 맞춰왔는지 거슬러 올라가다 보면 오늘날 우리가 정의하고 있는 남성의 모습이 어디에서 왔는지 이해할 수 있다. 이를 바탕으로 현재 남성에 대해서도 좀 더 이해할 수 있기를 바란다.

앞으로 남성에 대한 사회적 정의가 어떤 방향으로 진행될지는 알 수 없다. 남성다움의 정의는 유동적이지만, 양성 평등 관념이 보편화되면서 미래 남성이 다른 길로 나아갈 수 있기를 기대한다.

감사의 말

이 책이 세상에 나올 수 있도록 도와준 학계 선배 린메이샹林
美香, 왕차이화汪采燁, 저우바이리周百里, 리젠량李建良, 우쭝모우吳宗
謀 선생님께 감사드립니다. 또한 나를 남성성이라는 연구 영역으
로 이끌어준 에든버러대학 빌 에어드Bill Aird 교수께도 감사드립
니다. 이 책을 완성하는 동안 도움을 주신 분을 한 분 한 분 적
지 못하는 것을 양해주시기 바라며, 감사하는 마음을 가득 담아
인사드립니다. 마지막으로 편집자 이쯔怡慈는 성별에 관한 책을
만들면서 이 길을 끝까지 갈 수 있게 해준 원동력이었음을 밝혀
두고 싶습니다.

남성성의 역사

초판 1쇄 인쇄 2023년 3월 27일
초판 1쇄 발행 2023년 3월 31일

지은이 루성옌
옮긴이 강초아

발행인 박종서
발행처 역사산책
출판등록 2018년 4월 2일 제2018-60호
주소 (10477) 경기도 고양시 덕양구 은빛로 39, 401호(화정동, 세은빌딩)
전화 031-969-2004
팩스 031-969-2070
이메일 historywalk2018@daum.net

ISBN 979-11-90429-30-6 03900

값 18,000원